NIKKEI BUNKO

NIKKEI BUNKO 日経文庫

五感で磨くコミュニケーション

平本相武

日本経済新聞社

まえがき

人は、コミュニケーションによってさまざまなものを伝えあっています。伝えたいこと、伝えたくないこと、伝わらないこと、伝わってしまうこと……。ビジネスでもプライベートでも、コミュニケーションが成功と失敗、幸せと不幸せの明暗を分けることは、少なくありません。

そして、コミュニケーションは常に起こっています。たとえ、人とかかわりを持たずに生活しているつもりでも、この世界で「生きる」ということ自体に、すでに何らかのコミュニケーションは含まれているのです。

人との関係は、状況や時間の経過によっても変わってきます。そして人もまた、状況や時間の影響を受けずにはいられません。関係も変わる、人も変わる、そんな中でコミュニケーションの質を上げ、人生の質を高めていくためには、刻々と変化する相手や状況を「感じとる」こと、つまり五感を最大限に活用したコミュニケーションが必要になってきます。

コミュニケーションには「これが正しい」「こうすべき」はありません。そのときどきにふさわしい形や効果的な方法があるだけです。ですが本書は、それらを解説するためだけのものではありません。ビジネスでの成功を実現し、人生を豊かにするコミュニケーション、本書が伝えたいのはこのことです。

コミュニケーションは、情報交換だけでなく「情動」交換の手段でもあります。「知」の面だけでなく、「情」や「意」、つまり感情的交流も行うのです。その交流を通して心が豊かになり、自分の夢や希望に向け、意志を貫くのを助ける役割も果たします。だからこそ、人生の土台になります。その土台をどうつくっていくか、土台の上にどんな人生を積み上げていきたいかは、すべて自分で選べます。自分らしいコミュニケーション、自分らしい人生を思い描きながらページをめくってみてください。ビジネスや日常生活の中で結果を出すために、いますぐ使えるコミュニケーションの実践方法をふんだんに盛り込みました。読み終わったあと、一つでも二つでも、みなさんのコミュニケーションに役立つ何かを見つけていただければ、著者としてこれに勝る喜びはありません。

二〇〇六年八月

平本　相武

五感で磨くコミュニケーション――［目次］

目　次

[V] コミュニケーションの「核」となるもの

COFFEE BREAK

［I］コミュニケーションとは

1　なぜ「五感で磨くコミュニケーション」か

(1)　人あるところコミュニケーションあり

社会的動物ともいわれる人間は、他者とのかかわりや交わりから離れて、ただ一人で生きていくことはできません。したがって、コミュニケーションは必要ないという人もいませんし、コミュニケーションをとっているときと、とっていないときがあるという人もいません。人間は、常にコミュニケーションをとる存在なのです。ただ、そのコミュニケーションのとり方に、人それぞれの特徴、ちょうどいい距離があるだけなのです。

ところが最近は、面倒くさいとか、わざわざいやな思いをしたくない、わずらわしいトラブルはできるだけ避けたい、といった考えが先にたって、こうした他者とのコミュニケーションを遠ざけようとする傾向を持つ人が見受けられます。また一方では、そんな人たちをうっとうしがって、あえてそうした人たちとコミュニケーションを図ろうとしないケースもあります。

これを現代の風潮だからしかたがない、と放置するならば、社会生活を豊かにするコミュニケーションは紡げません。とりわけ、ビジネスの世界はコミュニケーションの縮図であり、どんな業種であれ、企業は一つの目的に向けその総力を挙げて業績向上に努める存在です。

職場を見てください。皆さんの職場でも、部長・課長などの上司をはじめ、先輩後輩、男女を取り混ぜて、それぞれの役割に応じた連携をとりながら、一つのベクトルに向かって業務を遂行しているはずです。ベクトルを合わせ、グループ・ダイナミクスを発揮するためには、いろいろなレベルのコミュニケーションが欠かせないのです。

そこで、私が日本とアメリカでのカウンセリングやコーチングの仕事を通じて学んだ、コミュニケーションのコツについてお伝えします。

(2)「全身」は口ほどにモノを言い

コミュニケーションというと、「情報伝達」といった訳語から、言葉を使った意思の疎通を思い浮かべる人が多いのではないでしょうか。もちろん、人間は、地球上の動物の中で唯一言語を操る存在ですから、言葉によるコミュニケーションも欠かせない手段であることに異論はありません。

コミュニケーションの影響度について、アメリカの心理学者、アルバート・メラビアンによると（図1－1）、言葉の影響力、つまり話す内容が他者を動かす度合いはわずかに七％に過

図1－1　コミュニケーションの影響度

①ボディランゲージ （身振り、姿勢、表情……）	55％
②口調、呼吸のペース （声のトーン、スピード、高低……）	38％
③話の内容 （ことば）	7％

ぎません。サッカーやバスケットボールの選手たちがプレー中に交わすアイコンタクト、野球のバッテリー間のサインなど、スポーツの世界では非言語コミュニケーションは当たり前のことですし、手話は、手振り身振りのボディランゲージに規則をつけて進化させた形です。

人間は、言葉だけでなくその表情や声の調子、手振りや身振りといった、身体全体でコミュニケーションをとっているのです。その上に、相手の肩をたたいたり、手を握ったりといった動作も加えることもあります。激昂したときは机をたたくこともあります。人は五感全部を使って、相手と意思疎通を図ろうとするのです。

ですから自分の持っている五感を研ぎ澄ますことが、コミュニケーションを向上させることにつながります。

(3)　気づきを深める一四の質問

ではここで、本題に入る前に、あなたのこれまでのコミュニケーションについてチェックしてみましょう。次ページに掲げる「コミュニケーションへの気づきを深める一四の質問」に答えてみてください。

あなたは、ご自分のコミュニケーションの特徴に気づくことができましたか。

それでは、五感コミュニケーションの扉を開けましょう。

2　多様化するコミュニケーション

(1)「十里」がちょうどよい距離

先ほども述べたように、人間は、生きるということ自体がコミュニケーションなしには語れない存在です。いま、他者とコミュニケーションをとらないで生活している人は地球に存在しません。

こういう例があります（図1－2）。ある小高い山の上に仙人が住んでいました。その山の麓には村があって、仙人の住んでいる山の上とその村とは一〇里（約四〇キロメートル）ほど離れていました。仙人は、村人たちとの会話もないし、何かを物々交換することもない。それどころか会ってもいないし、見ることもない。つまり仙人はこの村の人たちと物理的な接触は

8．あなたとコミュニケーションがうまくいっていない誰か特定の一人を思い出してください。あなたの目から見て、その人はどんな人ですか？

9．その人とは、どうしてコミュニケーションがうまくいっていないと思いますか？

10．その人の目から見て、あなたはどんな人ですか？

11．人とのコミュニケーションのつらさや、大変さは何ですか？

12．人とのコミュニケーションの楽しさや、喜びは何ですか？

13．偉人・有名人・架空の人物にたとえると、誰が理想のコミュニケーターでしょう？

14．この本を通して、まず誰とどのようにコミュニケーションがとれるようになればよいでしょうか？

コミュニケーションへの気づきを深める14の質問

1．普段、あなたが人とコミュニケーションがうまくいっているときはどんなときですか？

2．そのときは、どうしてコミュニケーションがうまくいっていると思いますか？

3．普段、あなたが、人とコミュニケーションがうまくいっていないときはどんなときですか？

4．そのときは、どうしてコミュニケーションがうまくいっていないと思いますか？

5．あなたとコミュニケーションがうまくいっている誰か特定の一人を思い出してください。あなたの目から見て、その人はどんな人ですか？

6．その人とは、どうしてコミュニケーションがうまくいっていると思いますか？

7．その人の目から見て、あなたはどんな人ですか？

図1-2　コミュニケーションの距離

いっさいないというのです。ところがあるとき、麓の村が洪水で流されてしまいました。しかたがないので、村人たちは別の場所に移動しました。一方、山の上は洪水の難を逃れたので、何の被害もなかった仙人は移動する必要がないのです。しかし、仙人もまた、移動していった村人たちから一〇里離れた山の上に移っていったといいます。つまり、この仙人にとっては、一〇里という距離が、村人とのちょうどよい距離だったのです。

このことから、それぞれの人には、それぞれにちょうどよい距離があるといってます。

もちろん、ここでいう距離とは、物理的なものだけでなく、心理的な距離も大きな比重を占めることはいうまでもありません。口数の少ない人には口数の少ない人なりのコミュニケーションの距離がありますし、常に周りに誰かがいないとさびしく感じてしまう人が心地よいと感じるときは、その人に合ったコミュニケーションの距離にいるということができます。それぞれの人の持つコミュニケーションの距離を乱してしまっては、良好なコミュニケーションをとることはできません。したがって、心理的にも物理的にもコミュニケーションには距離があり、一人ひとり違うということを押さえておくことが大切になります。

(2) 役割から個性へ

職場の中でも同様です。社員一人ひとりにちょうどよいコミュニケーションの距離がありま す。現代のコミュニケーションは、昔に比べて多様化してきています。アフターファイブのノミニケーションでいえば、たとえば昔は上司・部下の関係では毎日飲むのが当たり前といったように画一化していたのが、最近は、上司と毎日飲みにいってもいいという人がいるかと思えば、仕事の話だけするのがいいと言う人、また、年に一回くらい飲むのがちょうどよいというふうに、みんなの個性とか自分らしさを出すようになって、それぞれの距離のとり方に個性が出てきたといえます。

そして、一人ひとりが自分の認識で、この人とはこういう距離をとっていこうと、選べる時代になったといえます。昔は選べない時代でした。会社に入れば、上司とのつき合い、みんなで社員旅行などがお定まりでした。

ただ、いま問題があるとしたら、自分がそれぞれの人とどれくらいの距離をとりたいか、あるいはとったらいいのかが自分でもわからないことです。上司も部下も、先輩も後輩も、それぞれの立場で迷ったり悩んだりしているのです。だからこそ、自分の五感を磨くということが、こうした、人とどれくらいの距離をとればよいのかという点で、非常に重要になるわけです。

そしてそんなふうに、感性豊かなコミュニケーションをとれるようになれば、実は仕事に対しての感度も上がるのです。お客さんに対してもそうです。昔のように画一的に、接待ゴルフや飲み食いにさえ連れていけばいつも成功するという時代ではありません。それぞれのお客さんに合わせた距離感覚を磨き、それぞれの距離で接することが求められるのです。

(3) 「迷う」のは「選べる」から

人間の生活はコミュニケーション抜きには考えられません。言葉はもちろん、アイコンタクト、指差し、標識、看板まで、すべてコミュニケーションです。私たちの生活の中では、私たちが意図するしないにかかわらず、常にコミュニケーションは起こっています。したがって、私たちはコミュニケーション抜きでは生きられないということです。

ここで、五感で磨くコミュニケーションが大切だという理由を、三点挙げます。

一点目は、コミュニケーションが画一的ではなく、多様化してきているということです。昔は、上司・部下、男女、夫・妻、大人・子供と、それぞれの役割によってコミュニケーションのとり方が決まっていました。それに対して現在は、価値観や、ものの見方、考え方が多様化してきているので、それらの役割の境界線も画然としなくなってきました。現在は、それぞれの状況に応じて、自分で判断する必要が出てきたのです。

二点目は、多様化してきたそのコミュニケーションが、刻々と変化しているということです。もちろん時代の流れで変化するコミュニケーションもあれば、同じ人間の中でも変化してきます。同じ上司・部下の間でも、つき合っている年数によってコミュニケーションが変化することは、みなさんにも経験があると思います。お客さんとの関係でも、もう十年来つき合っているお客さんに対して初めてのお客さまと同じように接すれば、かえってよそよそしく冷たい感じを与えてしまう場合もあります。

このように同じ人との間でも時とともに変わってきますし、変わってくるほうが自然です。昔のように、部下はこういうもの、上司はこういうものといった決まりのない時代です。だからこそどうコミュニケーションをとるかで迷う時代でもあるわけですが、逆に見れば、自分がどういうコミュニケーションがとるかを選べる時代だともいえます。

三点目は、人は一人ひとり違うということです。このことについては、次節で詳しくお話ししましょう。

このように、コミュニケーションが要らない人はいませんし、しかも常にコミュニケーションは起こっていますから、そうしたTPOに合わせて、どのようなコミュニケーションを選べばよいかが重要になるわけです。したがって、その場そのときに合った、ちょうどよいコミュニケーションをとるためにも、自分の五感を研ぎ澄ます必要があるということです。

3 「どれだけ伝えるか」より「何を伝えるか」

(1) 「やる気」を出しても「やる気がない」

たとえば、職場の上司から「もうちょっとやる気を出してくれよ」といわれました。この場合の「やる気」という言葉は、この上司の過去の体験に裏打ちされているはずです。つまり、この上司は、何をもって「やる気」というのか、どんな行動をもって「やる気」があると考え、どういう時にはないというのか、こういったものすべてが自分の体験から導き出されているのです。その過去の自分の体験から導き出されている「やる気」を出してくれといっているわけです。

一方、部下のほうはどうかというと、やはり自分の過去の体験から判断することになります（図１－３）。

たとえば、この上司のいう「やる気」というのは、「おはようございます!!」「よろしくお願いします!!」と大きな声で挨拶する、いつも明るくてきぱきしている、あるいは遅刻をしないなど、態度のことを指しているとします。ところが、部下のとらえる「やる気」はというと、業績を上げて、とにかく目標達成度を一二〇％にすることだと考えている。

だから部下は「やる気を出せ」といわれたら、上司に認めてもらえるよう数字を出すことに励みます。それで数字を残しました。一二〇％です。でも、挨拶はしない、声は小さい、遅刻はする。それでも部下は明らかに「やる気」を出したのです。

しかし、上司から見ると、自分の意味するところと違うために、やはり「やる気がない」と

図1-3　ことばの概念は、それぞれの体験によって異なる

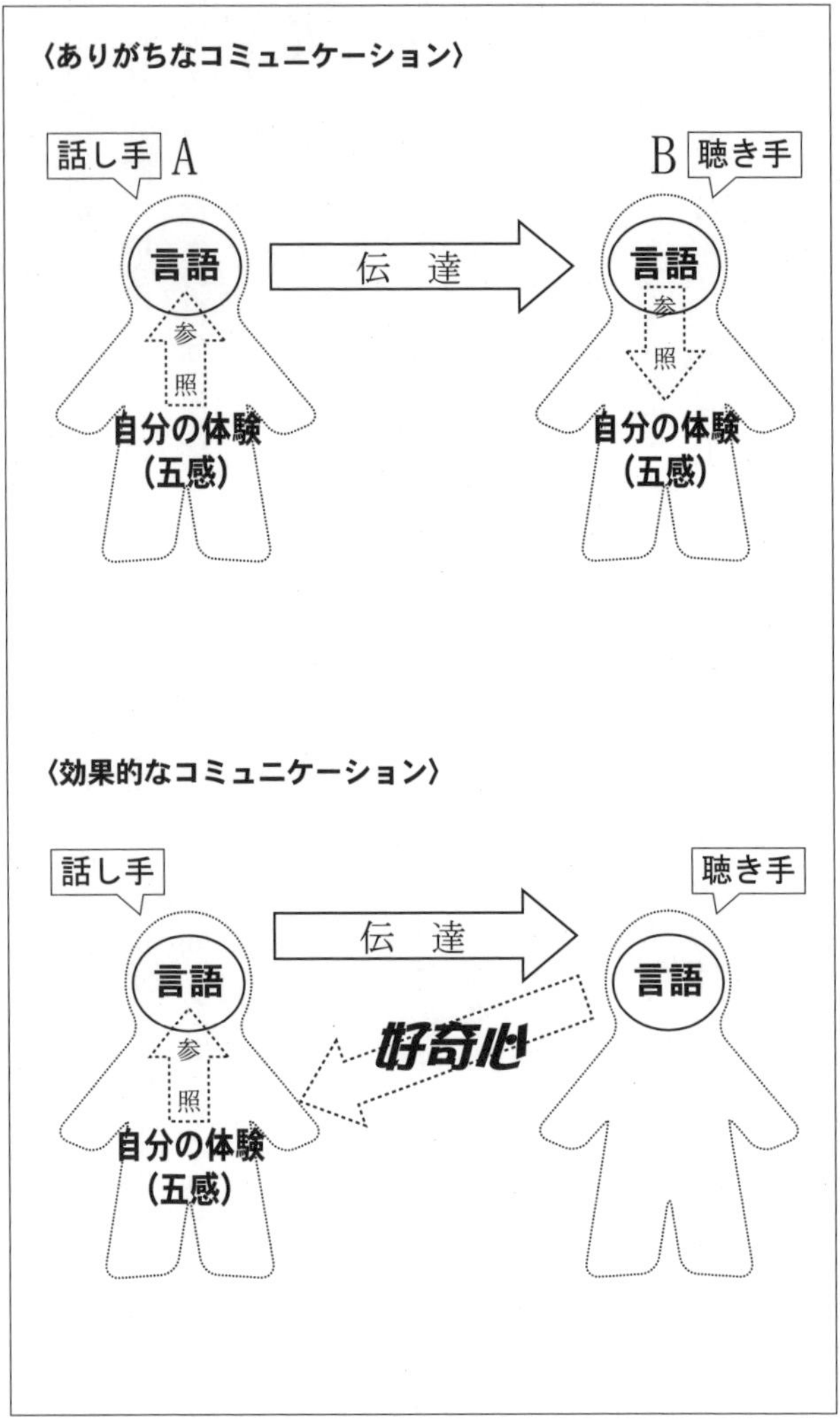

なります。上司にしてみれば、依然として声が小さい、遅刻が多い、覇気がないから、やる気がないと感じてしまうのです。つまり上司と部下では、それぞれに「やる気」という言葉から導き出されるものが違うために、思いのすれ違いが起こってしまいます。

同様なものに、「リーダーシップ」があります。「リーダーシップを発揮して」とよくいわれますが、ある人は頻繁に会議を開いて、部下を叱咤激励して業績を上げさせるのが「リーダーシップ」だと思っている。一方、別の人は、部下たちと毎週飲み会を催して気心を通わせるのが「リーダーシップ」だと考えている。

「やる気」や「リーダーシップ」などといったなじみのある言葉は、どういう意味で使われているかと確認しなくても、何となくわかったような気がするものです。典型的なのが「コミュニケーション」です。誰でも知っている言葉ではありますが、英語の「情報伝達」という訳以外に多様な使われ方をしている千変万化の言葉です。

「もっと部内のコミュニケーションをとろう」と朝礼で部長がいったとします。この場合、朝礼に参加した部員それぞれが思い描くコミュニケーションは、きっとバラバラでしょう。どんなに「もっと部内のコミュニケーションを」といっても、部長の発する「コミュニケーションをとろう」という言葉の意味を具体的に示さなければ、相手には伝わらないのです。伝えたい相手が多ければ多いほど、より具体性が必要になります。そうでなければ、何度朝礼で繰り返しても相手には伝わりません。つまり、大事なのは量ではなく、質だということです。

(2) 具体的な場面で話す

先に述べた「やる気」を例にとれば、二〇％増の成果を出した部下に、上司は「まだやる気がない」といったとしたら、部下は、「僕のどういうところについて、やる気がないとお考えですか。教えていただけますか」と聞けばいいのです。そうすると上司は「そりゃ君、いつもボソボソとしゃべるその覇気のなさだよ」とか「遅刻の多さだ」など、上司のいう「やる気のなさ」が意味する具体的な出来事を教えてくれるはずです。

一方の上司も、「やる気を出せ」というような抽象的な伝え方ではなく、「遅刻をなくして大きな声で挨拶する」などの、具体的な場面を伝えることが必要です。

重要なのは、人は、それぞれその生育過程における体験を基にしてものごとを判断するもの、という認識を忘れないことです。同じ言葉でも相手によって受け取り方は千差万別です。このことを意識の基本にすえてコミュニケーションを図れば、日常よくあるミスコミュニケーションの大半は避けることができるはずです。

4　ミスコミュニケーションが起きる理由

(1)　人は一人ひとり違う

世の中には一人として同じ人はいません。だからこそ、それぞれに体験や意味づけや解釈も違ってくるのです。ですから、みんなが自分と同じような体験をし、同じように意味づけをし、同じように解釈するに違いないと考えてしまうと、ミスコミュニケーションにつながりかねません。家族や友人、上司との間でもそう考えるのです。自分が体験したことはきっと他人も同じように体験し、自分の見ているものはきっと他人も同じように見えていると考えてしまうのです。人のもののとらえ方、解釈も、自分と同様であると思い込んでいるから、「なぜこんな当たり前のことがわからないの」という結論になってしまいます。これがミスコミュニケーションの原因です。

たとえば、売上げを二〇％増が目標、と聞いた場合に、「よし、なんとかなりそうだ」と考える人もいるでしょうし、「うわぁ、とても無理だ」と受け止める人もいるでしょう。同じ二〇％増という数字であっても、人によってとらえ方はさまざまなわけです。

人の好きずきを考えても同じようなことがいえますよね。「あの部長好きだ」という人がいるかと思えば、「顔を見るのもいやだ」という人もいる。このように、考え方、とらえ方は人それぞれに違うということです。

(2) 「違うこと」は好奇心の原点

三人の女子学生が道を歩いていました。反対方向から、ロマンスグレーの男性が四、五歳くらいのお子さんと犬を連れて歩いてきました。通り過ぎたときに、三人が顔を見合わせて、それぞれが「見た?! すっごーい」と喜びました。でも、一人が「いまのおじさん格好よかったね」というと「何いってんの、あの小さい子かわいいかったんじゃない」もう一人は「何いってんの、あの犬、かわいらしくて」という具合に、同じ情報からであっても、何に興味を引かれたという点は違うのです。

これは、人が「いい」といった場合、当然自分と同じ物をいいと思っていっていると解釈している例です。

本書を読み進むにあたっては、人は誰一人としてものの見方や考え方、体験や大切にするものが同じということはないという前提に立っていただきたいのです。相手が違えば、それぞれ体験も解釈も意味づけも違います。そして、自分とはまったく違ったとらえ方をしている人を相手にしているということを大前提にします。この人はどういう感じ方をしているのだろうか、どういうとらえ方、どういう意味づけをしているのだろうという好奇心を持ち、五感を研ぎ澄ましてコミュニケーションをとることが大切です。

(3)　指し示すものを確認しよう

図1－3を見てください。話し手は、自分の体験を参照しながら言語を使うわけです。「リーダーシップを発揮しろ」と上司がいったとします。この人の意味するリーダーシップは、たとえば自分の部下を叱咤激励して活性化することだとします。しかし、いわれた部下のほうは、自分の体験から抱いているリーダーシップ観が全然違うわけです。上司と部下、二人のリーダーシップに対する考え方が違う。したがって、二人は、同じリーダーシップという言葉を使っているのに全然違うものを目指してしまうのです。だから、自分の考えを正確に伝えようと思うのなら、抽象的な言葉で終わらせないで具体的な出来事に落とし込むことが必要となってきます。これも、人は全員、見方も体験もものの考え方も違うのだという前提に立つことから始まります。そこで、

「リーダーシップを発揮しろとおっしゃるのは、具体的にどんな行動か、教えていただけますか」と言うと、

「そんなのわかるだろう。リーダーシップだよ」

と言われるかもしれません。でもそれで終わらずに、

「私は、本当にこのプロジェクトに責任を持って進めていきたいので、ぜひ教えてください」

と踏み込んでいけば、

「それは、先方との打ち合わせを君がしっかり主導することだよ」とか、

「全体の流れを確認しながら、メンバーそれぞれの進捗を把握しておくことだよ」

と具体的なことをいってくれるかもしれません。または、

「とにかく、大きな声で自分から挨拶をして、みんなの士気を高めることだ」

と言う人もいるかもしれませんね。

こんなふうにコミュニケーションを進めていくと、「ああそうか、この上司が求めるリーダーシップとは、打ち合わせをしっかりリードするということなんだな」

と理解できるようになります。

「具体的には？」「とくにどんなとき？」「どんな行動を指して？」などが、具体的な内容を

引き出す質問になります。

5　「言ったこと」は氷山の一角

(1)　省略・一般化・歪曲

①省略

言葉は、過去の体験から引き出す際に省略・一般化・歪曲という作用が起きています。たとえば、「あのスーパーは安い」といった場合、「何が」「どこより」「どれくらい」安いかといった情報が省略されています。会社でいえば「○○社の件、どうなっているかな」という言葉の中には、契約の件だとかクレーム処理の件だとか、状況によってさまざまあるでしょうが、具体的内容が省略されています。

②一般化

また、「客っていうのはわがままなもんだ」というのは一般化です。もちろんわがままでないお客さんもいるのですが、私たちはよく最大公約数的に表現してしまいます。同様に、「みんなそういっています」というのもそうです。「みんな」とは誰と誰のことなのか、はっきりさせないであたかも常識のようにいうことです。その他、「いつも」「絶対」「すべて」「一度も」などが出てきたら、それは一般化されています。

伝えたい情報がある場合は、一般化を外すことでより伝わります。

③歪曲

次に歪曲です。まず、次のような前提観念というものがあります。

「新商品の発売に合わせて広告を打ちたい。しかし、予算の少ないうちの部では広告にかけるお金がない」。これが、広告にはお金がかかるという前提観念に立った考え方です。この場合は、「いまの予算でできる広告宣伝策はないか」と問いかけることによって、いままでの前提がひっくり返ります。また、「巨人が負けたから部長は不機嫌だ」「雨が降ると気分が滅入る」「彼女がジロジロ見てるのは、俺にほれてるからだ」など、私たちは、つい勝手な因果関係をつくってしまいがちです。このように、因果関係や前提をつけて、勝手に自分の解釈を入れてしまうのが歪曲です。

④すべて具体化・個別化・明確化すると……

日常のコミュニケーションの中では、こうした省略・一般化・歪曲が常に起きていることを理解しておくことが、ミスコミュニケーションを防ぐためにも重要です。

それではこの逆、つまり、すべてのコミュニケーションに、省略・一般化・歪曲をやめて具体化・個別化・明確化をすればよいかというと、こんどは細かすぎて情報量がとてつもなく膨らんでしまいます。だから通常、どんなコミュニケーションでも省略・一般化・歪曲が起きていることに気を留めておくことが大事です。そして、「ここをちょっと確かめておきたいな」と思った点については、それぞれを明確化するためのコミュニケーションをとってほしいのです。

(2)　エピソードとエッセンス

私たちは、実際には具体的なエピソードを経験します。ただ、それを人に伝える際に、経験したすべてを語っていては、実際の経験よりも時間がかかってしまいます。つまり、人の家を訪れたときに、「今日は暑いですね」という一言ですむものが、「駅で電車を降りたときにムッとして、電車の熱気のせいもあるかと思いましたが、人混みもすごくて、駅を出るまでにハンカチで汗を拭わなければなりませんでした……途中の駅から〇メートルくらいのところで坂がきつくてまた汗を拭って……交差点でも立っているだけで汗が流れました……」のように、具体的過ぎれば聞きにくくなります。つまり、具体的なエピソードを全部言葉にしたら、一行のところを一生かけても話しきれない。そしてその現実は、誰もが心得ているはずなのです。そこでどうしているのかというと、コミュニケーションをとる段階で、抽象的エッセンスを引き出して言葉にし、会話しているわけです。抽象的エッセンスを伝えるために、言語というのは必要なのです。

ただ、具体的エピソードを抽象的なエッセンスに置き換える際に、当然のことながら省略・一般化・歪曲は起きます。

お客さんのところに営業に行った部下から報告を受けるときに、「最初に日常的な会話をちょっとしたんですよ」と、まず部下がいいました。この日常的な会話について、上司は天気の話と思うかもしれないし、別の上司は野球の話またはサッカーの話と思うかもしれません。また別の人は、酒の話でもしたのだろうくらいに思うかもしれません。「日常的な会話」だけでは、省略されているものが多くわからないのです。でもそこは、本題ではないので、「ちょっと日常会話をしました」で困らないわけです。この日常的な会話は、相手とちょっと良好な関係をつくるための話題であるため、部下の報告の本題ではありません。この部分は具体的エピソードに落とし込んで聞く必要はなく、抽象的エッセンスで留めておいていい話題です。

ところが、「どうもこのお客さまは、うちの方針が気に入らないみたいなので、契約打ち切りとなりました」となったときに、「あぁ、そう」あるいは「だめじゃないか」ではすまされません。こうした本題に関しては具体的なエピソードを聞くことで解決策を探ることになります。その場合に重要なことは、実際にお客さまとの間でやり取りされた事実をまず聞くことです。お客さまの不満が形態にあるのか、サービスにあるのか、納期にあるのか、それとも価格なのかを具体化・個別化・明確化します。その際に「多分こういうことだと思いますよ」という営業マンの意見も一緒に聞いてしまうと、お客さまの不満の本質が見えなくなってしまいます。必ず事実と意見とは分けて聞き出しましょう。

具体的事実を聞いたあとで「そうか、方針全部が気に入らないわけではないのだな。形態とサービスと性能はいいが、価格についてはどうも合わないと考えているわけだ。なるほど、では、このお客さまに関しては価格を見直そう」という話になるわけです。これを「我が社の方針が気に入らないみたいです」という営業マンの感想だけですませてしまっては、解決の糸口が見えにくくなってしまいます。

話をする側に立てば、最初は効率から考えて、具体的なエピソードから抽象的なエッセンスを引き出して説明をします。その後に問題となるところ、理解しがたい部分については具体的事実を、自分の意見や感想とは切り離して説明をする、という手順を踏むことが重要なのです。

具体的エピソードに踏み込むべき話と抽象的エッセンスのままに置いておくべき話を、きっちり分けて話しましょう。

コミュニケーションには、必ず省略・一般化・歪曲がありますから、必要に応じて必要な部分を具体化・個別化・明確化して理解を深めなければならないということです。

COFFEE BREAK

――子供の不適切な行動の４つの目的――

　アドラー心理学（詳細は５章）によると、子供が、不適切な行動を取るときには４つの目的があるといいます。授業中に手やペンでコツコツとわざと音を立てて授業の邪魔をする場合、これは先生の気をひくことが目的で、不適切な行動それ自体がしたくてやっているわけではありません。そのときに、「ちょっと、○○君やめなさい」というのは、その子の目的を満たしてしまうことになるので適切なコミュニケーションではありません。その子は、叱られるという行為を通してでも注目を得たいのです。こういう子への対応策としては、不適切な行動を叱るのではなく、できているときに大いに注目をしたり、できている他の子に注目したりなど、適切な行動のほうに意識を向けることが効果的です。

　それでも不適切な行動をやめなかった場合、さらに叱ったり、あるいは教室の外へ出すという対応を取ると、こんどはどちらが勝つか負けるかの権力闘争になります。つまり、教室の中での教師対生徒の戦いになるわけです。この段階で「出て行け」といったり無視をしたりすると、わざとみんなの足を引っ張る行動に出たり、授業を台無しにする行為に走ったりといった復讐行動を取るようになります。その子から見れば、勝てないのなら、せめてこの教師を傷つけてやろうと考えるわけです。

　さらに、上記のような、どの行動によっても自分の思いを遂げられなかった場合は、絶望感に打ちひしがれた状態で無気力を示したり、不登校や落ちこぼれ的存在となります。

　これを職場に当てはめてみると、がんばっていないことに意識を向けるよりも、がんばっていること、適切な行動に注目することが必要だということです。成果が上がっていないときに「何とかがんばろうよ」と、できていないことに意識を向けるのではなく、「ここはできるようになったね」と成果が上がっているところに意識を向けるようにすることが肝要です。

　不適切な行動を取る前に、早めに適切な行動に気づいてあげる必要があります。その際に必要となるのが五感をフルに働かせることです。それぞれのレベルに合わせて、五感全部を使って相手と心を通じ合わせてください。

〔Ⅱ〕 ＮＬＰの考え方

1　NLPとは

私は日本やアメリカの大学院で、臨床心理学やコミュニケーションを学びました。そしてカウンセリングやコーチングの実践を積む中で収めてきた成果を振り返ってみると、これはNLP（神経言語プログラミング：Neuro-Linguistic Programming）の手法と類似しているということに気づき、NLPの学びを深めていきました。NLPを使うと、すごく高度なコミュニケーションもわかりやすくなるので、ここではNLPに沿って説明を進めていくことにします。

このNLPに関して、Ⅱ章ではNLPの基本前提についてを、Ⅲ章、Ⅳ章では、とくに人とのコミュニケーションに生かすことのできる手法を中心にお話しします（図2－1）。

神経言語プログラミングでいう「神経」とは、視覚、聴覚、触覚、嗅覚、味覚の五感すべてを通して情報を受け取り、そして処理していることを意味しています。つまり、人間は、五感を通してコミュニケーションをする存在だということです。

図2-1　NLPの経緯

1970年代に、アメリカのカリフォルニア大学サンタクルズ校の言語学助教授Ｊ・グリンダーと、心理学科の学生Ｒ・バンドラーによって創始されたのがNLPです。

この二人は、当時の天才セラピスト達３人がうまくいっている理由、そして、そのコミュニケーションパターンを徹底的に研究・分析しました。

研究対象になったセラピスト
・フリッツ・パールズ　　　：ゲシュタルト療法
・バージニア・サティア　　：家族療法
・ミルトン・Ｈ・エリクソン：催眠療法
（ここにグレゴリー・ベイトソンをいれ、４人とする説もあります。）

たとえば、人は目でコミュニケーションする。それから「こんにちは」といった言葉を通してコミュニケーションする。その他、握手をしたり肩をたたいたりといった触れる行為など、触覚を通してコミュニケーションをとります。また、ある特定の臭いで特定の人を思い出す場合や、ある味で特定の事柄を思い出すこともあります。このように、人は日常から、視覚、聴覚、触覚、嗅覚、味覚の五つの感覚を使ってコミュニケーションをとっているのです。

ＮＬＰでいう「言語」とは、「意味づけ」のことを表します。人間は必ず、五感を通してとったコミュニケーションに意味をつけます。たとえば、あなたが電車に乗っていて、知らない女の人があなたのことをじっと見ていたら、①自分の姿がおかしいのか②自分に何か用があるのか③誰か自分の知り合いなのか④自分に気があるのか……などなど、同じ目から入る情報でも、必ず何らかの意味づけをします。そして、どんな意味づけをするかは、その目から入った情報を「どうとらえるか」によります。

このように人は、五感から入った情報を意味づけするのですが、また、意味づけの順番と位置が変わるだけで、受ける印象が一八〇度変わります。これが「プログラミング」です。

ちょっと実験してみましょう。①好きな人を一人、頭の中に思い描いてください。アイドルでも誰でもかまいません。②次に、その人の顔は、自分の前のどのあたりに浮かびますか。位置と距離を確認してください。大きさや明るさなどもありますね。③こんどは嫌いな人を思い浮かべてください。④嫌いな人は、どのあたりに浮かびますか。位置を確認してください。好きな人と嫌いな人とでは、顔の浮かぶ位置が違うでしょう。⑤次に、好きな人と嫌いな人の位置を交換してください。いかがでしょう。位置を変えるだけで印象も変わりませんか。これは目から入る情報にかぎった例なのですが、人は、好きな人と嫌いな人を思い浮かべる位置が違うのです。

つまり人間とは、目、耳、肌、鼻、舌から入る情報に意味づけをする際、その位置や順番を変えるだけで、体験が変わるのです。これは言葉の使い方でもいえることです。たとえば、「やせたいけど、食事量を減らせない」という場合。ここには、無意識のうちに「食事量を減らせないと、やせられない」という前提が含まれています。だから、どうしても食べる量を減らせない人にとっては、やせることは実現不可能に思えてしまうのです。それを「食事量を減らせないけど、やせたい」と言い換えてみたらどうでしょう。「食事量を減らせない」けれど、「その上でどうしたらやせられるか」という方向に意識が向きやすくなります。食事量をそのままで、ジムに通ってみよう、ウォーキングを始めよう、食事の量を変えずにカロリーを低くしてみよう…など。このように、言葉の順番を替えるだけで発想が変わるだけでなく、その後に導き出される結果まで変わってしまうのです。

2　「受け手がどう受けとったか」が大切

コミュニケーションでは、伝え手が何を意図したかではなく、受け手がどう受けたかが大切です。たとえば、自分は心から感謝の気持ちを伝えたいと思っていても、「〇〇さんありがとう、もう感謝しているよ。ほんと、感謝、感謝、感謝」と、こちらを向かず、無表情で、しかも軽い口調で言ったらどうでしょう。当人は、五回も感謝の言葉を表現したと思っても、相手は感謝された気がしないばかりか、逆にばかにされているような気になるかもしれません。

伝えようとしている本人にはその気があったとしても、受け手がどう受け取ったかがコミュニケーションでは大切なのです。

自社の商品を買ったお客さまからクレームが来ました。その際に、「わかりました。すみません。じゃあ取り替えましょう。その上におまけを三つつけますよ。三品つけますから、これで何とか勘弁してくださいよ」と、一本調子で早口に対応したら、お客さまはどんな気持ちがするでしょう。

これでも店員は、お客さまの機嫌を取ろうとしているのです。でも、謝った上に三つもおまけをつけているのに「あれだけ謝ったのに、客はまだ文句をいう気なのか」という気持ちが透けて見えます。だから、いわれたお客さまは、「この店員は誠意がない」と受け取ってしまうのです。

この場合も、伝え手がどういう意図を持っていたかに関係なく、お客さまがどう受け取るかを考える必要があるのです。お客さまのほうへちゃんと身体を向け、しっかり目を見ながら、相手の口調やペースに合わせてうなずき、そしてお客さまに共感するつもりで言葉をくり返します。そのお客さまの立場や気持ちになって、受け答えする姿勢や態度がしっかり伝わると、何もおまけはつかなくても、お客さまとしては店員の誠意を感じることができ、納得される可能性は高いのではないでしょうか。これは、お客さまにかぎらず、職場や家庭でも同じことです。

つまり、相手の立場に立ってコミュニケーションをとっているかどうかの違いなのです。相手がどんな対応をしたら誠意を感じられるかを、普段から頭に描きながらコミュニケーションをとれば、大きな誤解や間違いは避けることができるでしょう。

その際にも重要なことは、言葉だけではなく、表情や口調、身振り手振りなど、五感全部を使って相手に伝えようとすることです。

3　自分の頭の中の「地図」

私たちは、通常、実際に目の前にいる人間そのものとは、ほとんどコミュニケーションをとってはいません。たいていは、自分の頭の中に描いた相手、つまり自分の思い込んでいる相手とコミュニケーションをとっているに過ぎないのです。

たとえばみなさんは、ご自分の奥さんや旦那さんを見るたびに「えーっ、妻（夫）ってこういう人なんだ!?」とか「今日の妻（夫）は、どんなだろう!?」と考えて接してはいませんんよね。あまり意識もせずに、頭の中に描いている自分の妻（夫）とコミュニケーションをとっているはずです。だから、奥さんが髪型を変えても気づかずに、奥さんから文句を言われる羽目になるのです。

同様のことを会社に当てはめてみましょう。ある課長に一度、自分が怒鳴られた経験があるとします。そうすると、その課長から声をかけられるたびに、「ドキッ！」として、ビクビクするかもしれません。それは自分の頭の中の「地図」、脳裏に描いた怒鳴る課長の思い出とコミュニケーションをとっているからなのです。でもその日の課長は、あなたにねぎらいの言葉をかけるために声をかけたのかもしれないのです。

このように、人は現実の相手と刻々つき合っているわけではなく、自分の思い込んでいる相手とつき合っており、そしてこれが、しばしばミスコミュニケーションの起こる原因ともなります。あの課長はすぐ怒鳴る人だからと、話も早々に切り上げていては、本当の意思の疎通は望めませんし、それが仕事の不都合につながる可能性も大いにあるということです。またお客さんに対して、このお客さんはどんな場合にも無理をきいてくれると決め込んでいると、その無理を言ったために信頼関係が傷つく可能性もありますし、逆に、無理をいってはだめなお客さんと決め込んでいると、販売チャンスを逃す結果になるかもしれません。でもその思い込み、すなわち「地図」がなかったら、その都度、一から関係をつくらなければならないので、ある程度の「地図」は必要です。大切なのはその「地図」に縛られず、いま、ここにいる相手を五感で感じながら、その場や状況に合わせてコミュニケーションすることなのです。

4　その場では「最良の選択」

誰でもある特定の状況では最良のコミュニケーションを選択しています。たとえば、小学生のころ、十分な知識がないテーマについてクラス全員の前で発表し、みんなに大笑いされたとしたら、大勢の前で話すことを避けるのは当然の反応です。その場面では、「最良の選択」かもしれません。ところが大人になって、自分の専門分野で十分な知識や経験があるにもかかわらず、ビクビク避けてしまうのは、「最良の選択」ではありません。

どんな行動も、その背景にはそのときどきの意図があります。ビクビクしているのがよい選択のときもあれば、ビクビクする必要のないときもあるのです。言い換えると、どんな行動もそのときどきの状況の中で有効になる、ということです。

したがって、状況が変わるごとに、コミュニケーションの方法も変わるのです。先に述べたように、上司と部下の関係や、お客さんへの対応も多様化していますから、昔のように「これがよいコミュニケーションだ」というような、画一的なものは通用しない時代なのです。

だからこそ、状況ごとにどれがよいコミュニケーションかを、自分の感性を研ぎ澄まして毎回選んでいかなくてはならないのです。上司とは、部下とは、お客さんとは、会社とはこういうものというように、いまはもう選択肢が一個しかない時代ではありません。そしてコミュニケーションに選択肢があるということは、選択肢がないよりもよいことなのです。酒の席が好きなお客さんや部下にはノミュニケーションの場を、コーヒー党にはコーヒーを飲みながら、人によっては応接室で、など、選択肢をそれぞれの文脈に合わせて選べるようになるとよいでしょう。

5 身近なお手本を探す

これはモデリングという考えなのですが、要はコミュニケーションをうまくとっている人を手本とすれば、自分のコミュニケーションを向上させることができる場合もあるということです。たとえば社内で、自分がこんなふうにコミュニケーションをとりたいという、モデルとなる人はいないか探してみる。その人は、誰とどのようにコミュニケーションをとっているのかを見て、学ぶという方法です。

いまテレビの司会などで活躍する島田紳助は、一時代前に一世を風靡した漫才コンビ、Ｂ＆Ｂの島田洋七、洋八に弟子入りしました。紳助は、師匠であるＢ＆Ｂの出演番組のビデオを何十回何百回も見ながら、テンポ、間、声の強弱、構成、最後の落ちにいたるまでを分析して、パターンがあることに気づいたといいます。それで、そのパターンを踏襲しながら自分のネタで漫才を始めたら、師匠のＢ＆Ｂより大ヒットするようになったそうです。

この例のように、成功している人には成功するパターンがあるのです。そのパターンを引き出して手本にすることで、自分のコミュニケーションを向上させることもできるのです。ですから、社内で比較的自分に近い人で、上手にコミュニケーションをとっているとあなたが思う人を観察してみてください。その人のパターンの中で、自分ができることが見つかるかもしれません。

自分の感覚を研ぎ澄まして、状況に合わせてコミュニケーションを選ぶことは、最初からはなかなかうまくいかないかもしれません。始めは練習のために、上手な人を見つけて、その人をお手本にする、つまりモデリングから始めてみてはいかがでしょうか。

6　誰にでも十分なリソース（能力、才能、資質）がある

みなさんが思う「理想のコミュニケーション」とは、どんなコミュニケーションでしょう。話がおもしろいとか、親身になって聞いてくれるとか、あるいは誰とでもすぐに親しくなれるとか、たとえば「明石家さんまさんのように」と具体的に浮かぶ人がいるかもしれません。

前節ではモデリングについて述べましたが、コミュニケーションのスタイルには「個性」がありまず。「あの人のような」と思っても、「あの人」とまったく同じスタイルでないとだめということはありません。コミュニケーションには、一人一人快適な形や「自分らしい」スタイルがあります。そして、良好なコミュニケーションをとるリソースは誰にでもあります。誰かのスタイルを自分に合わせるのではなく、「自分らしい」スタイルを知り、それを最大限に活かすことが、結果的に自分も周りも幸せにする「理想のコミュニケーション」となりうるのです。

7　失敗は存在しない。あるのは結果だけ

発明王で有名なトマス・エジソンが、助手のワトソンと電球製作の実験をしていました。一万回目の素材を試したときに、実験室が大爆発しました。そのとき助手がいいました。

「博士、あなた俺を殺す気かい、何回失敗したら気がすむんだ」

それに答えてエジソンがいいます。

「いや、私は一回も失敗なんかしていない」

「失敗しているじゃないですか。もう一万回も失敗してますよ」

エジソンが平然と答えます。

「いや、私は、電球にはならない素材を一万個も発見したんだ。そうすることで、それらは除外できるから、より早く電球をつくる素材にたどり着ける。しかも、挙句の果てに爆発する新素材も発見できたじゃないか」

つまり、失敗は存在しないという発想です。コミュニケーションにも失敗はありません。こんな対応だと、こういうふうに受け取られてしまうのかと、学びの機会があるだけです。学び

があるから、次回は違った対応で当たろうと次につながるのです。

職場の朝の挨拶を例にとりましょう。朝は眠くて、みんなまだテンションが低い。そんなところに、挨拶は元気を出せばいいと思って大声で「おはようございます!!」とやったところ、みんなにしらーっとした目で見られてしまった。そんなことがあったとします。でもここで「だめだ、大きな声で挨拶すればいいと思ったけど、失敗した」と落ち込まないでください。声の大きさにも場と状況に合ったものがある、という学びを得ただけです。「失敗」ではなく、「学び」とすれば次への改善に結びつきます。

失敗は学びの機会なのです。「だめだった……。もう無理」と考えずに、うまくいかなかったときは次から何をどう変えればいいか考え、うまくいけばそのまま続ければよい。人とのコミュニケーションも同様です。

8　大きな目標は、小さく小分けする

職場をもっと活性化したい、明るくしたい、「風通し」をよくしたいといっても、先に述べたとおり、だいたい「風通し」とは何なのか、人によってとらえ方の違うものなのでよくわか

りません。

したがって、まず「風通し」とはどういうことなのか、具体的な場面に落としこむ必要があります。

たとえば、みんなが休憩時間に気楽に話ができる、気持ちよく挨拶が交わされる、会議で意見がどんどん出る……など、多くのアイデアを出してみましょう。こうした作業を経て「風通し」の内容を明確にします。

一連の内容が明確になったところで、それではと、みんなが休憩時間に気楽に話ができて、気持ちよく挨拶が交わされて、会議で意見がどんどん出る……ことすべてを目標にしても、達成は困難です。

まずは具体的な場面の中で、これだったらすぐに取りかかれるというものに絞ります。それでは「まずは挨拶にしよう」となりました。そして、漠然と、気持ちよく挨拶しようといわれても、「挨拶ならいつもしているじゃないか」といい出す人もいますので、いつ、誰に、どのように挨拶することから変えていこうとするのかを、また具体的に決めます。

こうして、それでは明日から、まずは○○さんに、朝の「おはようございます」の挨拶をしよう、と目標が決まります。これならばすぐにでもできますよね。そして、これができたら次の目標に進めばよいのです。

こんなふうに、抽象的な大目標をやみくもに目指すのではなく、思い浮かんだ具体的な場面の中から、もっとも達成しやすい小目標を見つけてそこから始めていく。それを積み上げていくというステップが目標実現のための鍵となるのです。

[III]

ラポール――信頼関係を築く

1　コミュニケーションに橋をかける

(1)　ラポール――信頼関係

良好なコミュニケーションは、お互いの信頼関係（または共有関係）の上に築かれます。この信頼関係に欠かせないのがラポールです。フランス語で「橋をかける」という意味の言葉です。ラポールとは、場を共有している関係、一緒にいる感じ、波長が合っている状態のことです。

これは上司・部下の関係でも、お客さんとの間でも家族でも当てはまります。よいコミュニケーションが築かれているときというのは、場を共有し、信頼して一緒にいる感覚が持てたときです。

どんなによい商品でも、どんなに安くしても、売っている営業マンとお客さんとの間に良好な信頼関係（ラポール）が築かれていなければ物を売るのは難しいでしょう。同様に、どんなに売上げを上げていても、部内でトップだとしても、上司や部下、部員との間で信頼関係がとれていなければ、自分勝手なやつだと思われるだけでしょうし、仲間からは妬まれるか無視されるかもしれません。

たとえば、「野球はどこのファンですか」といって「阪神ファンですか、私も阪神ファンなんですよ」と、相手と自分の共有点を見つけたら急に親しい感じがしませんか。あるいは「ご出身はどちらですか」「千葉です」「千葉ですか、千葉のどちらですか」「成田です」「私も成田なんです」というふうに、ひいきのチームでも出身地でも、何でもいいのです。「ハワイはお好きですか」「私もハワイ好きなんです」という、好きな場所でもいいのです。共有点を見つけて、親しい感じがわいてきたとき、その二人の間はラポールがとれているといえるでしょう。

(2)　スモールトークの効用

何か言葉にできる部分を共有できると、人は親しみを感じます。そして親密感、信頼関係への入口になっていきます。本題に入る前の、いわゆる日常会話の目的はそれなのです。こうした共有ゾーンを見つけるために、最初に当たりさわりのない話題から入るのです。

たとえば天気の話ですが、「毎日雨が降って、梅雨ですね」といったとしても、雨が降っているのも、梅雨なのもみんな知っています。それでも「そうですね、雨が続いて」と返すの

図3-1　ラポール（概念）とそれを実現するマッチング

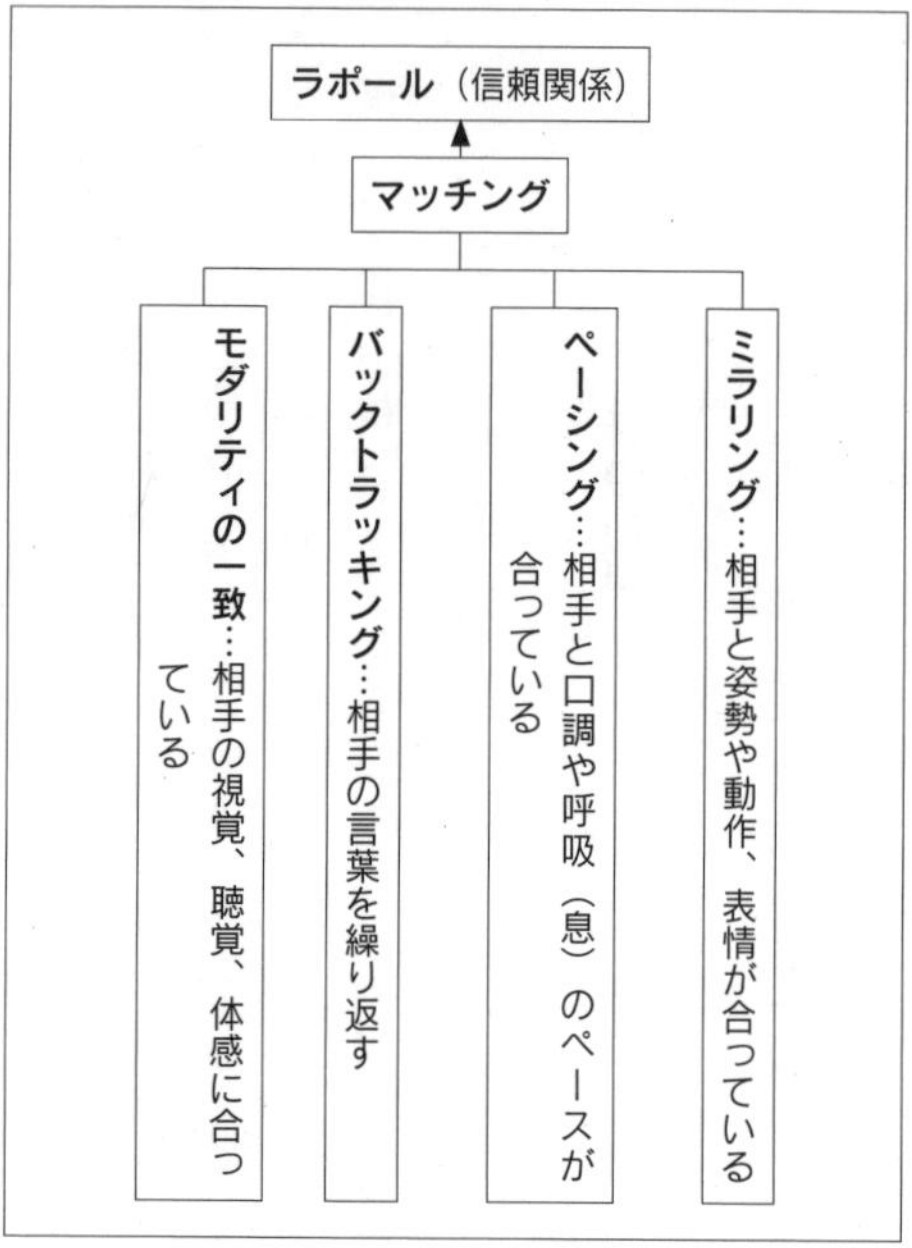

は、実はラポール（場の共有）をとるためなのです。それを「雨が降って、梅雨ですね」に対して「そんなの私には関係ありませんから、仕事の話に入りましょう」と返されると、いっていることに間違いはないのだけれど、ラポールがとれなくて、その後の本題もスムーズには運ばなくなってしまいます。

落語で言う「まくら」、英語ではスモールトーク。話の導入。場の形成に欠かせないアイテムなのです。雨が降っているかどうかは、要はどうでもいいのです。相手も「そうですね」と、お互いに場を共有できることが大切なのです。ですから、スモールトークでは思想・信条に絡んだ話は避けたほうがいいです。欧米でも、政治や宗教の話はスモールトークには選ばないといいます。誰にとっても、軽い、罪のない話が適当のようです。ラポールは「橋をかける」こと。本題に入る前に、お互いの間に橋をかけるわけですから。

(3)　ラポールのためのマッチング

このように、コミュニケーションには、ラポールをとることが実に重要になります。そして、ラポールをとるときに重要なのは言葉だけではありません。では、どのようにすればこのラポールがとれるでしょうか。そのための手法を総称してマッチングといいます（図3－1）。ここでは、そのうちの、(1)ミラリング、(2)ペーシング、(3)バックトラッキング、(4)モダリティの一致の四つをご紹介しましょう。本章では(1)ミラリング(2)ペーシング(3)バックトラッキングについて説明し、(4)のモダリティの一致については、次章で説明することにします。

2　バックトラッキング

(1)　言葉を使って橋をかける

コミュニケーションの影響度の大きさの順は、ミラリング、ペーシング、バックトラッキングなのですが、まずはわかりやすいバックトラッキングから入っていくことにします。

一般的に人は、知らず知らずのうちに、ラポールをとるために、お互いの共通点を探したりします。ところが、共通点が見つからないこともしばしばあります。

「私は巨人ファンですが、あなたは?」「私は阪神ファンです」

「ずっと雨が続くとうっとうしいですね」「結構私は雨が好きなんですよ」

では、どうするか。言葉を使ってラポールをとる方法の一つにバックトラッキングがあります。たとえば、「出身は東京のどちらですか」「吉祥寺です」「あっ、吉祥寺ですか」というように、相手のいった言葉を繰り返す方法です。同様に「スポーツは何かやっていますか」「テニスです」「テニスなんですね」というようにして相手の言葉を繰り返すと、共通点のあるなしにかかわらず、相手は聞いてもらえたと感じます。

ラポールをとるためには、相手との共通点を見つけることが大切です。しかし、共通点がなかなか見つからない場合でも、相手のいった言葉を繰り返すことで共感を得ることはできます。

これが「スポーツは何を？」「テニスです」「私は野球なんですよ」あるいは「出身はどこですか」「東京です」「私は神戸なんですよ」と返したらどうでしょう。スポーツには出身地で、出身地には出身地で返しているので、一見よいコミュニケーションをとっているように見えます。ところが共有している感覚はありません。話が進んでいるように見えても、実はバラバラなのです。

それでは「スポーツは何を？」「テニスです」「テニスですか」と一回相手がいったことをバックトラッキングして、「私は野球なんです」としたらどうでしょう。あるいは「どちらの出身ですか」「東京です」「東京のどちらですか」「吉祥寺です」「吉祥寺ですか。私は神戸なんですよ」と、自分のことをいう前に相手がいったことを繰り返すと、言葉のキャッチボールをとおして、お互いに共有している感覚をもつことができます。つまりラポールがとれているのです。

(2) 省略・一般化・歪曲は常に起こる

この場合、出身地として答えた「東京」というのはすごく省略されています。しかし、たとえば渋谷区幡ヶ谷といわれても、東京の地理に詳しい人以外にはどこだかわかりませんし、そんな具体的な住所を知りたかったわけではありませんので、通常は「東京です」となります。これが外国での会話の場合は、「ご出身は?」と聞かれたら「日本です」と答えるほうが妥当な場合もあるでしょう。このように、実は、省略・一般化・歪曲が起きています。

コミュニケーションですから、やはり相手にわかってもらわなければ意味がありません。また、スモールトークに余計な説明の時間と労力をつぎ込む必要はないのですから、たとえば、渋谷のとなり町に住んでいるとしても、誰でも知っていると思われる「渋谷」と答えることもときには有効です。このように相手と接する状況に合わせて、省略・一般化・歪曲が常に起きています。

(3) 相手に理解を示す

学校の先生を例にとります。一番やんちゃで手のかかる子を何とかしたいと思ったら、その子とバックトラッキングによってラポールをとり、仲間に入れればいいのです。たとえば、みんながまじめに聞いている中で、「先生、それ違うよ」という子がいたとします。そこで「いや、○○君、こうなんだよ」といったらラポールはとれないのです。その場合は、

「そうか、違うと思うか。じゃあ、どこが違う」

「△△が違うよ」

「そうか、△△が違うと思うか。どうしてそう思う？」

「□□だから……」

「そうか、なるほど。□□だから△△が違うと思うのかぁ…。先生は××だと思うけど…」

「うん、先生のいうこともわかる……」

「そうか、わかってくれてありがとう」

これがバックトラッキングによってラポールをとる方法の一つです。

3　コミュニケーションの三つの道筋

良好なコミュニケーションをとるためには、相手との間に橋をかけるラポールが必要だと述べました。そして、ラポールをとる一つの方法として、相手のいった言葉を受けて繰り返す

図3-2　コミュニケーションの影響度

①ボディランゲージ ………………………	55%
(身振り、姿勢、表情……)	
②口調、呼吸のペース ……………………	38%
(声のトーン、スピード、高低……)	
③話の内容 ……………………………………	7%
(ことば)	

バックトラッキングを紹介しました。

コミュニケーションには三つの道筋があります。その三つとは、ボディランゲージ、口調、そしてバックトラッキングでも説明した言葉の内容です。ところが、言葉は七%しかコミュニケーションに影響力を持ちません。ボディランゲージや口調のほうが言葉の内容よりも大きな比重を占めるのです。こうしたボディランゲージや口調でラポールをとっていく方法を、ミラリングやペーシングといいます。

(1)　コミュニケーションの影響度

1章でも扱った、コミュニケーションの影響度を再度見てみましょう。図3-2にあるとおり、コミュニケーションに及ぼす影響度を見ると、話す言葉の内容などは七%しかありません。声のトーンやスピード、つまり口調や呼吸のペースが三八%です。言葉の内容よりも強く影響するということです。

たとえば、同じ「バカ」という言葉でも、普通の会話のトーンで言われた「ばか」と、大声で激しく浴びせられた「**バカ！**」、それから甘えた調子でセクシーに「バッカ〜ン」とささやかれるのでは、それぞれ受ける印象は全然違います。このように、口調はコミュニケーションの中で大きな役割を果たしています。この、口調や呼吸のペースを合わせてラポールを築いていく手法をペーシングといいます。

さらに、残りの五五％は、身振り、姿勢、表情といったボディランゲージの割合となっています。同じ話をするのでも、ただぼーっと立って話すのと、表情豊かに身振り手振りを交えて話すのとでは、受け手の印象はまったく違ってきます。

「君の話は何でも聞くよ。いってごらん、聞くから」という同じ言葉を発するにしても、背中を向けて、例えば新聞ばかり見ながらいわれるのと、相手の目を見ながら真剣なまなざしでいうのとでは、いわれたほうの印象は天と地ほども違うことはおわかりいただけるでしょう。ボディランゲージ、つまり身振り、姿勢、表情が与える影響は大きいのです。このボディランゲージを合わせてラポールをとる手法がミラリングです。

(2) ラポールを築く三つの手法

同じ「君の話を聞くよ」という言葉を使っても、姿勢だとか表情だとか、声のトーン、スピードによって、発せられるメッセージはまったく違ったものになります。場合によっては、「君の話を聞くよ」と言葉では言っていたとしても、「聞かないぞ」というニュアンスも出てしまいます。

ここに挙げたコミュニケーションの三つの道筋、ボディランゲージ、口調、話の内容でマッチングすることで、短時間でラポールが築け、良好なコミュニケーションになるのです。コミュニケーションをとる相手と、身振りや姿勢を合わせる方法がミラリング、声のトーンやスピード、高低や呼吸のペースが合っているのがペーシングです。どちらもラポールをとるために有効な方法です。言葉の内容を繰り返すバックトラッキングもおろそかにしてほしくないです。影響度の大きなボディランゲージや口調を表すためのミラリングやペーシングの方法も大いに活用してください。

4　ペーシング

(1)　口調や呼吸を合わせる

ペーシングとは、コミュニケーションをとろうとする相手と、口調や呼吸のペース、声のトーンやスピードが合っている状態をつくることをいいます。相手と自分が同じペースで話したり、口調が合っていたりすると、安心感や、一緒にいるという感覚が生まれます。

たとえばある会社のワンマン社長。社員達は社長を前にすると、いつもビクビクの状態です。社長が「とにかく、この方針で行く!!　とやかくいわず、みんなこの方針に沿ってやればいいんだ!!」と大きな声で言います。その際におずおずと小さな声で「いや、社長。それでは難しいと思います…」と言ったら「何が難しいだ!!　こうじゃなきゃだめなんだよ!!」と怒鳴り返されるのがオチでしょう。これではラポールはとれません。

それではどうすればよいかというと、社長が「これで行かなきゃだめなんだ!!」と声高にいったら「社長！　おっしゃるとおりだと思います!!」と、社長に合わせるような大きな声でペーシングをしてから、言葉を繰り返すバックトラッキングでラポールをとります。声高なままその後で「本当に社長!! おっしゃるとおりだとは思います!! そして、私はこういう方向もあると思うのですが、いかがですか!!」と堂々と進言すれば、おずおずと小さい声でいうよりも、社長はあなたに一体感を感じてくれます。その一体感があるからこそ、「なるほど。そういう考えもあるか。おもしろいかもしれない」となる可能性があるのです。

この例のポイントは、社長と同じ口調、同じスピード、同じ強さでいうことにあります。そして、いきなり反論するといらぬ反発を買いますので、必ず言葉の上でもバックトラッキングをします。このように、ペーシングやバックトラッキングをしたほうが、相手に伝わりやすいのです。

(2) 独裁者を変えたペーシング

極端な例ですが、社長が完全独裁で猛威をふるっていた会社がありました。そこで研修をしたのですが、最初に社長のそばで働いている役員の方々に「この会社をどんな会社にしたいとお思いですか」と尋ねたら、「そんなことはとても恐くていえない。こんな会社にしたいなどと自分の意思を言おうものなら、すごい剣幕で怒鳴り飛ばされる」と言われてしまいました。

業界でもある部門で全国ベスト5を下らない会社だったのですが、社員を目一杯に働かせて親が死んでも、十時でも十一時でも売れなかったら、維持している状態でした。土日の休みはなし。「子供の運動会には行くな！　でも線香あげたらさっさと戻ってきて商品を売りに行け！　売れなかったら、十時でも十一時売れるまで残って売ってこい！」と、常に大声ではっぱをかけられる会社でした。夜の十一時にお客さまのところに押しかけていっても売れる可能性はないにもかかわらず、です。

さらに、売上げ目標を達成した人は早く帰れるかというと、「おまえ、隣の人間が売れていないのに、なんで帰るんだ！」とまた怒鳴られて、結局売ってても売らなくてもずっと働いていなければならない。それくらい張り詰めた状態で、ある部門のベスト5を維持していたのです。社員のみんなは、身体的にも精神的にも疲労の限界でした。

そして、休みもなくずーっと働いている、こんな状況の中でとうとう売上げが下がってきました。これは何とかしたいということで、私のところに依頼が来たのです。社長は私に大声でこういいました。「僕は怒っているんだ！　うちの社員は根性がなくて、売上げが下がってきてしまった！」また、「昨日も、支店長を一時間くらい怒鳴りつけたら、相手は脚がブルブル震えるくらい、恐がってたよ！」と自慢げに話していました。それで私は、どうもこれは恐怖を押しつけていることが問題だなと思ったのです。

(3) 口調を合わせる意味

こうした場合、一般的には「社長。もう少しやさしくいったほうがいいですよ」とか「社長のリーダーシップについてこられないのじゃないんですか」などの言葉を、社長の機嫌を損ねないような言い方でやさしくいうかもしれません。ところがこの社長に、そうした応対をすれば「とんでもない。私はずっとこういうやり方でうまく回ってきたんだ!! これでいいに決まっているんだ!!」と、おそらく輪をかけた大声で反論されるでしょう。

とにかく、怒鳴りとおして四十年。すべての会話を怒鳴り口調でとおしてきた人です。誰も逆らえない。そんな社長と私がどのようにラポールを築いたかというと、社長が「うちの社員はなっていない!!」と居丈高に怒鳴るのに合わせて「社員がなってないんですか!! あなたは、社員がなってない会社の社長なんですね!!」と同じ口調で強く繰り返したのです。すると、効果がありました。自分が言ったことだから、社長は反論できない。

それで、「このままで日本一になれると思っているんですか!! 日本一になるとおっしゃったじゃないですか!!」と、「日本一になりたい」といっていた社長の言葉をバックトラッキング。「いつもいつも社員を怒鳴りつけて恐怖に怯えさせ、暴君だと嫌われて、それで日本一になれると思っているんですか!!」と、語調を変えずに言葉を重ねました。

これらの会話のポイントは口調にあります。相手と同じ口調で強く、言葉をバックトラッキングしました。そうしたら、社長はしゅんと静かになったので、私もここで静かな口調に戻り「社長、三ヵ月間、怒鳴るのやめましょう…」とおだやかに提案しました。そうするとまた「それはできない！」と強い口調で返してくるので、「できないじゃないです!!　日本一になりたい!!　とおっしゃってたじゃないですか!!　エベレストに登りたいとおっしゃったじゃないですか!!　エベレストに登るつもりで、その『できない』をやりましょう!!」と強い口調のペーシング、そしてバックトラッキング。いままで四十年間怒鳴り続けてきた社長は結局、その日から怒鳴らなくなったのです。

相手と同じ口調、同じスピード、強さで接すると、相手も違和感を受けません。言葉がポイントを突いたということもあるでしょうが、ペーシングでラポールを築いた結果なのです。

誤解のないように申し上げますが、怒っている相手には同じように怒れという意味ではありません。喧嘩になっては元も子もありません。ただそれくらいに迫力を持って相手と口調を合わせることも、ときには必要なのです。

5　ボディランゲージで合わせるミラリング

次にミラリングについて説明します。コミュニケーションで伝わる割合が五五%と、一番影響度が高いのがボディランゲージです。ミラリングとは、相手と自分の姿勢や表情、身振り手振りが、ちょうど鏡に映ったように、自然と合っている状態のことをいいます。つまり、ボディランゲージでマッチングしているのをミラリングといいます。相手と自分の姿勢や身体の動きが似ていると、心が通じ合い、自然と話がスムーズに流れます。

(1)　場を共有すること

たとえば、怒っているお客さまに対して、相手の目も見ずひたすら頭を下げながら「申し訳ありません……」と、言葉だけでただ謝っているのなら、一見一所懸命に謝っているように見えても、お詫びの気持ちはお客さまの心に届きません。

同じ状況でも、お客さまの目を見ながら、お客さまの仕草に似せた姿勢をとると、お互いの場を共有したような感じがするのです。ただぼーっと立って話を聞いている、あるいはお客さまの話に関係なくひたすら頭を下げているという姿勢よりは、お客さまに合わせた姿勢をとったほうが、お客さまも相手が自分に近いような感覚を持つものなのです。

極端にいうと、相手が脚を組んでいれば、姿勢を合わせる意味で自分も脚を組んでみます。ただ仕草をまねようとするのではなく、相手の立場・気持ちに立とうとして、相手と似た姿勢になることによって、相手も気づかないうちに安心感を持ちます。

コミュニケーションの現場を思い出してください。一緒にいる人に安心感や信頼感が熟成されるときというのは、姿勢や身振り手振りに共通項が見出せませんか。

(2)　表情でもラポールを

身振りや姿勢と並んで、顔の表情も同じようにミラリングに入ります。私は、普段は柔和な表情をしていますが、スポーツ選手、とくに格闘技の選手と、試合直前に面談するときには、相手が荒々しい闘志をむき出しにして一番燃えているときですから、それに合わせて、眉間にしわを寄せて鋭い目つきとなります。一時間、ずっと険しい顔をして話を続けます。柔和な顔で相対するより、その格闘家にとっては険しい顔のほうが場の共有感が出るのです。

これも実は、私が意識していろいろな相手と応対しているうちに、次第に意識せず表情が豊かに出せるようになったものです。以前はこんなに豊かではありませんでした。いろいろな人との間で、ラポールをとろう、本当にこの人の体験を自分のものとして味わおう、この人と時間、世界を共有しようといった、そういう気持ち、好奇心、姿勢、態度をとっているうちに、どんどん表情が豊かになったのです。

(3) さまざまなミラリング

ミラリングでは気をつけてほしい点があります。たとえば、相手が脚を組んだら、こちらも脚を組む。腕を組んだら、腕を組む。手を上げたら、手を上げる。これを全部そのまま行うと、作為的で嫌味になります。それを作為的でないようにするためにはいくつかの方法があります。ここではそのうちの三つを紹介します。

一つ目は、部位を変える。たとえば、相手が腕を組んだら、脚を組む。左手を振り上げたら、右手を振る、といったふうに動きの部位を違えて合わせることです。

二つ目は、サイズを変える。たとえば、「こんな大きな山だったんですよ」と言いながら手で大きな山を形づくる相手には、指で小さな山をつくって応対すればOKです。同じように大げさにジェスチャーをしすぎると、まねをしているみたいで、いやらしいと感じられるときがあります。でも、サイズを変えればまねされた気はしないのです。

三つ目は、時間をずらす。「こんな大きな山だったんですよ」と相手が示した一拍あとに、「こんな山だったんですね」と時間をずらして同じ動きをするわけです。時間をずらすことによって、確認の意味を持ちます。相手は自分のいったことをよく聞いてくれていると感じます。

そのほかに、相手のいったことをジェスチャーで表すという方法もあります。たとえば、話し手が「朝急いでいて電車に乗ろうとしたら、ドアが閉まっちゃって、一本あとの電車になってしまいました」といったときに、聞き手は「あぁ、ドアがね」といいながら、目の前で手でドアが閉まる手振りをすると、相手は聞いてもらえていると感じます。

実際、こうした方法の中から、意識せずにそのときどきに合わせて一番自然な方法をとっている人もいます。これらの方法も、いっぺんに全部やると違和感を感じる場合がありますので、時と場合を考えて相手に合わせて選んでください。あくまでも、大切なのは、相手の立場・思いに寄り添おうとする気持ちや姿勢です。

6　ミラリング、ペーシング、バックトラッキングで共有関係

(1)　目的はラポールをとること

良好なコミュニケーションを築くためには、コミュニケーションをとる相手と、身振りや姿勢、表情が合っているミラリング、声のトーンやスピードや呼吸が合っているペーシング、そして、話す言葉を繰り返して理解を示すバックトラッキング、などができるようになることです。コミュニケーションがうまくいっているときには、これら三つでマッチングをし、ラポールを築くことができているはずです。

これはクレーム対応にも応用できます。カッカと怒りに燃えているお客さまに対して、ぼそぼそと言い訳ばかりを繰り返していても、あるいはひたすら謝ってばかりいてもお客さまの納得は得られません。一所懸命だけではだめなのです。ミラリングやペーシング、バックトラッキングができていれば、短時間で、お客さまとの間でラポールを築くことができます。クレーム対応というと、つい相手に関係なく一所懸命に誠意を見せればいいと思いがちですが、この場合も、相手に合わせてラポールを築くことがもっとも大切なのです。

部下指導でもそうです。おとなしく、静かな口調の部下には、静かに噛んで含めるように話すことが必要ですし、逆に声が大きく元気のよい、「ガンガン外回りに行ってきます！」といった部下には、相手に負けないくらい元気にはきはきと声をかけることがラポールをとりやすくさせます。こうしたペーシングに加えて、部下によってはミラリングとバックトラッキングを多用することによって、いろいろなタイプの部下にも対応できるようになります。

(2) 上席者ほど気配りが必要

たとえば、職場にキャラクターの濃い上司がいて、まわりの部下には素直な人とか、コミュニケーションのとり方がうまい人がそろっていると、部下のみんながあくの強い上司に常に合わせようとして、「あの上司、いい人なんだけど、一緒にいると疲れるよね」という状態に陥ってしまうこともあります。それは個性の強い人が、知らず知らずに自分に合わせることを強要してしまって、相手を疲れさせているからなのです。ラポールという言葉を知らなくても、コミュニケーションの現場では多くの人がよい雰囲気づくりをしようとします。その場合、立場の弱い人が強い人に合わせようとすることも多いのです。立場の弱い人は、ついつい強い人に合わせてしまいがちです。だから、疲れてしまうのです。したがって、上席者ほど、部下とのコミュニケーションでは細やかに気を配りたいものです。

(3) 普段の生活で練習

私の場合、相手がノリノリに明るい人だと「いやぁ、平本さんは明るい人ですね」といわれ、物静かで落ちついた口調の人が相手だと「平本さんは、落ち着いた語り口ですね」といわれます。これ、実は、自然に相手とラポールがとれているからなのです。

正直いって、NLPを学びはじめた当初はマッチングするという考え方が大嫌いでした。何か作為的な感じがして。ところが二十年近くカウンセリングを続けていると、結果的に自然とマッチングが身についてしまい、いつの間にか何の策も弄さずに、相手と短時間でラポールが築けるようになりました。私の会社の社員は、それぞれ口調が違うのですが、私が一人ひとりと話すときには、ついその相手のボディランゲージや口調で会話をしてしまっているようです。

ラポールをとるために、最初は意識して練習してみてみましょう。一つの方法としては、たとえば電車に乗って前の座席に座っている人や公園のベンチに座っている人、職場の同僚や遊び仲間がいたら、ちょっと気楽に同じ姿勢、同じ動きをしてみて、どういう気持ちがするか試してみましょう。また、人と会うときにも、意識してこういう練習を普段からしてみるのも一つの手です。

(4)　猿まねとは似て非なるもの

ミラリング、ペーシング、バックトラッキングについて強調したいことは、まねをすることが目的になってはならないということです。単なる猿まねは、嫌味な感じを相手に与え、かえってコミュニケーションを阻害するかもしれません。また、まねをすることに意識がいってしまうあまり、相手そのものや話の内容から気が散ってしまっては、元も子もありません。猿まねではなく、自分も相手の世界を共有したい、この人の体験を味わいたいという気持ちが大切なのです。つまり、いま、この人はどういう気持ちでいるのだろう、何を感じているのだろうかと、相手の世界に好奇心を持つことです。こうして、まさに相手の体験したエピソードを、自分も体験したいと心から興味を持って聞くと、相手との信頼感、共有感が飛躍的に向上して、スムーズなコミュニケーションが可能となります。

たとえば「何か好きなスポーツは?」「柔道です」「ああ、そうですか」というよりも、別に柔道のことを知らなくても、「へえ、柔道ですか。柔道のどんなところが好きですか」とバックトラッキングして言葉を添え、好奇心からわいてくる質問をするだけで親近感が湧いてきます。もちろん、これに人を投げるようなボディランゲージがつけば申し分なしなのですが、まずは、相手の体験を共有したいという気持ちがラポールのベースとなるのです。話の内容が、自分が知らない世界でもいいのです。

その言葉と口調と動作に、猿まねというのでなく「なぜこの人は柔道が好きなのだろう」「柔道のどこに惹かれるのだろう」という気持ちが出ているのと出ていないのでは、相手に伝わる印象が一八〇度違います。

ラポールは、ただ「まねしよう」としてもうまくできません。本書で強調したいのは、まねではなく、相手の立場に立って、相手の世界、相手の体験を自分も感じ取りたいという姿勢や態度が大切だということです。この気持ちがなければ、どんなにラポールをとろうとしても成功しません。逆に、この姿勢さえあれば、ごくごく自然にラポールがとれるようになるでしょう。

7　無意識的無能から無意識的有能へ

人間は、何かを学習するときには、必ず無意識的無能→意識的無能→意識的有能→無意識的有能の四つのレベルを進むといわれています（図3－3）。

無意識的無能とは、自分が「できない」ということに気づいていない段階です。たとえば、韓国に「カヤグム」という民族楽器がありますが、日本人の多くは知らないでしょう。この楽器を弾けるかどうか以前に、存在自体知らないわけです。同じように、三歳の子供に、「君、車の運転できる？」と聞いても、もし運転ということを知らなければ、自分でそれができないということも知らないわけです。人にいわれて初めてできないということを知るのです。

これはコミュニケーションでもいえることで、相手と「ラポールがとれていない」ということに気づいていない段階です。「うちの部は、部長の僕が率先してコミュニケーションをとっているから、大丈夫」と、部長だけが勝手に思っていて、周りは部長に適当に合わせているだけだったとしても、そのことを知らないのです。つまり、ラポールがとれていないということに気づいていないのです。この段階にある人は、決して少なくありません。

図3-3　無意識的無能から無意識的有能のレベルへ

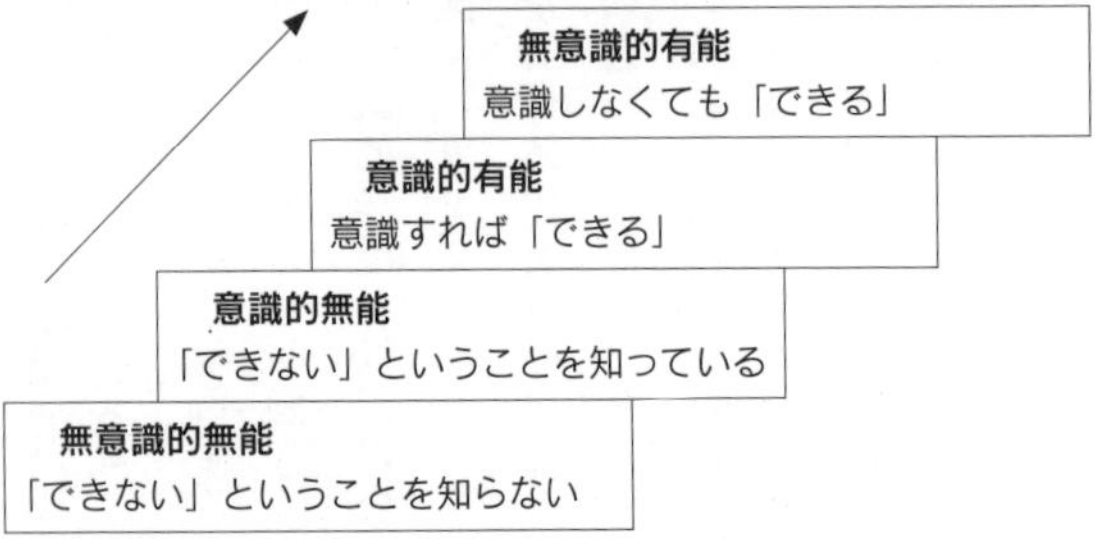

次の段階、意識的無能のレベルは、自分にはできない、あるいは「できていない」ということに気づく段階です。「なんだ、自分はバッチリできていると思っていたけど、実はそうじゃなかったんだ。本当によいコミュニケーションのために、いろんなやり方を試してみよう」というふうに、自分はできていないということにまず気づき、よくなるように意識しはじめる状態です。

三つ目の段階が意識的有能です。意識するとできる。ちょっとまだ不自然・不完全だけれど、意識すればミラリング、ペーシング、バックトラッキングなどができるという段階です。この段階にあれば、意識して自分のコミュニケーションを向上させようとした分だけうまくいきます。少なくとも、そのときどきに五感を開き、自分のやり方が機能しているかどうかに気づくだけでも前進です。

最後の段階が無意識的有能です。この段階にある人は、意識せずにできます。コミュニケーションでも、自然と相手と同じ姿勢をとり、自然と同じ口調、同じスピードで関係性を築いていくことができる人です。

読者のみなさんは、いま現在、どの段階にいると思われますか？　意識しなくても自然にできるようになる無意識的有能の扉にたどり着く助けに、本書がなれば幸いです。

8　マッチングからリーディングへ

良好なコミュニケーションを築くためにラポールをとることが必要です。そして、そのラポールをとるために、ミラリング、ペーシング、バックトラッキングなどのマッチングが有効です。相手と、身振りや姿勢、表情、声のトーンやスピード、声の高低が合って、同じような言葉がやりとりされている状態です。

少し高度になりますが、この状態を活かしたマッチング・アンド・リーディングという手法があります。まず、相手に合わせたあとに、こんどは自分の意図した方向に相手を導くというやり方です。

先に例を引いた、お客さまのクレームの件を見てみます。「これおかしいじゃないか」とお客さまがクレームをつけました。これに対して「すみません、交換します」といって、相手とミラリング、ページング、バックトラッキングできていないまま、商品を交換してクレームを収めようとします。しかし、これではかえって怒りを買う可能性もあります。まず「これは、おっしゃるとおりひどいです。こんな物をお売りして大変申し訳ありませんでした」と、自分の売った商品についてお客さまの気持ちを代弁するつもりで共感します。これがマッチングです。その後に「本当にお客さまのおっしゃるとおり私どもの落ち度でございますので、交換させていただきます。これに懲りずに、ぜひ次回も当社をご利用ください」という方向に進めていくのがリーディングです。

ここで気をつけなければならないことは、マッチングのないリーディングは強引になるということです。強引なリーディングは、その場は押し切れるかもしれませんが、今後につながりません。あるいは後でクレームの元となるかもしれません。リーディングして進めていこうとすれば、マッチングで基礎固めをしっかりしておかなければならないということです。

それから、相手の話のポジティブな面にマッチングさせるか、またはネガティブな面にマッチングさせるかというリーディングもあります。相手が気難しい顔をしているときにはあまりマッチングせず、「ニコッ」と笑った瞬間に「そうですよね」と相槌を打つと、相手はどんどん「ニコッ」の割合が増えてきます。

たとえばカウンセリングで、「先生、ここが辛いんです」という人に「辛いですね、大変ですね。本当に苦しいですね」と辛いことばかりにマッチングしていくと、相談している人は、さらに辛さが増していきます。話は聞いてもらえるので、わかってもらえた気はします。それでもカウンセリングを受ければ受けるほど辛くなる。ところが「僕、だめなんですよ」「いやそんなことないですよ」「いいところなんて一つもなくて」「大丈夫、いいところ探しましょうよ」とすると今度は、マッチングのないリーディングとなって、これもまた、落ち込んでしまいます。

このように、ネガティブな部分にだけマッチングしても、いきなりリーディングだけをしようとしても、コミュニケーションはうまくいきません。そうではなくて、「僕、いいところ一つもなくて」といわれたら、そこではあまりマッチングせずに、ほんのちょっとでも自分のいいところを見つける気配や発言が出てきたときだけ、すかさず「……そんなふうに、それでもちょっとはいいところがあるんだね。その辺、もう少し詳しく話してもらっていい?」

「人にちょっとやさしくできたり……」

「あっ、やさしくできたりね。最近、ちょっと人にやさしくできたなぁと思ったことは?」

というふうに相手が前向きなことをいったときにマッチングをして、そこから具体的エピソードを引き出すように聞いていくと、結局本人の口から話しているので、リードされた感覚がないまま本人も前向きな状態になってきます。こうして導かれると、とくに違和感はないのです。

9　ラポールを切ることも大切

強引な勧誘やキャッチセールスを断る場合は、言葉はもちろんですが、口調や態度でラポールを切ることが重要になります。


「お願いしますよ、○○を一度お試しくださいよ」

「いやちょっと」

「いやちょっとなんて言わずに、ぜひ一度ちょっと試してください」

「僕、いまお金がないので」

「お金がないなら分割がききます。毎月わずかなお支払いですよ」

「そうは言っても、女房がきっと反対するので……」

「奥さんが反対する場合はね、……」

これを見ると、言葉では断っているように見えます。ところがもしも、セールスの人と、姿勢や表情、口調が合っていれば、ラポールはとれてしまいます。したがって、売りつけようとしている相手は、諦めるどころか、セールストークを続けることに違和感を感じません。だから、いつまでたっても引き下がらないのです。こういう場合は、

「お願いしますよ、○○一度試してくださいよ」

相手と口調やスピードを大げさに変えて対応します。さらに少しそっぽを向いたり、視線を外すのもいいでしょう。

「ドア開けてると寒いので、閉めます！」

話題とはまったく違う話の内容、そして言葉だけでなく、口調やトーン、姿勢や表情、体の向きまでも売り手と違っているので、ラポールは絶対とれませんよね。ラポールを切る必要がある場面では、意図的に切ることもできるのです。

［Ⅳ］

五感を全開にする

1 視覚、聴覚、体感を合わせるモダリティの一致

コミュニケーションに重要なラポール、つまり信頼関係を築くには、マッチングという手法があり、マッチングのうちの三つ⑴身振り、姿勢、表情を合わせるミラリング、⑵声のトーンやスピードや呼吸を合わせるペーシング、⑶そして言葉を繰り返すバックトラッキングについては前章で説明しました。

本章では、⑷モダリティの一致について説明します。

モダリティというのは、視覚、聴覚、触覚、嗅覚、味覚の五つの感覚のことですが、触覚、嗅覚、味覚は身体に起こる感覚として、一つにまとめて体感とし、ここでは視覚、聴覚、体感の三つの感覚モードと呼ぶことにします。

⑴ 人は、同じ出来事から違う体験をする

私達は、すべての情報を五感を通して得ています。その際、私たちの体験する具体的エピソードは、同じ出来事であっても、そこから感じるものは人それぞれに違います。目から入る

情報をたくさん覚えている人もいますし、耳から入った情報、あるいは体感から入る情報に多く反応する人もいます。一緒に旅行に行ったとしても、どの感覚モードが開いているかによって、人それぞれに体験は違ってきます。旅の感想を聞かれて返ってくる「よかった」という答えは、青い空、白い砂浜など、目から入る情報がよかったという人、ハワイアンと波の音がよかったという人、いや、暖かい陽射し、心地よい砂の感触がよかったという人など、「よかった」の中身は人によって違います。

こうした影響を受けやすい感覚の違いを認めないと、コミュニケーションにずれが生じてきます。したがって、できるだけ相手の体験した具体的なエピソードに近づくという意味で、相手の感覚モードをいち早く察知し、そのモードで会話すれば、より良好なコミュニケーションを築くことができます。

(2) 利きモードによって違う情報の受け取り方

人は、視覚、聴覚、体感の、三つのどれかの傾向を持っています。これは純然たる区分けではありません。ちょうど右利き、左利きの関係と一緒です。右利きの人は、左手をいっさい使わないかというと、そんなことはないですよね。左手では絶対にスプーンを持てないということとはありえません。つまり得手不得手の問題です。したがって、視覚傾向だからといって音はいっさい聞いていないという人はいないのです。音も聞いているし、体感も使っている。ただ、利き腕があるみたいに、利きモードがあるということです。このモードが食い違う人同士では、情報の受け取り方、発信の仕方の違いで、ラポールをとるのに容易でない場合があります。

2　視覚、聴覚、体感傾向それぞれの特徴

これら三つの傾向の人には、大まかな特徴があります。

(1)　視覚傾向

まず、視覚傾向の人。この傾向には早口の人が多く見られます。自分が見たものは、全部説明しようとします。人は、八〇%の情報を目から得ているといわれているように視覚から入ってくる情報量は圧倒的に多いのです。どんどん入ってくる情報を次々に表現していこうとするため早口になるのです。また、この傾向の人とコミュニケーションするときはアイコンタクト

ことが鍵です。

が欠かせません。ちゃんと目を見て話すことが大切です。視覚傾向の人との対話では目を見る

(2) 聴覚傾向

次に聴覚傾向の人ですが、一貫した論理が大事です。この傾向の人の頭の中には自分の論理があります。AがB、BがC、CがD、DがEというふうに論理の組み立てがあるので、そうした論理を吹っ飛ばして「理屈抜きでやってよ」と言っても通用しません。

コミュニケーションにおいて、総論となる大前提に異論を持った場合に、論争が起こったその大前提をひとまず置いて各論から攻めようなどという手は、聴覚傾向の人には納得できません。なぜなら、この傾向を持つ人の頭の中では、総論と各論はすべて論理でつながっているからです。

そして、おおむね聴覚傾向の人には読書家が多く見られます。アイコンタクトはそれほど大切ではなく、比較的抑揚のない話し方をします。耳から入る情報に反応することが多く、どちらかと言うと分析的な人が多いようです。

(3) 体感傾向

三つ目の体感傾向の人。つまり、触覚、嗅覚、味覚に敏感な人は、雰囲気重視の人で、グーッと来たら、バーッとやればいいとか、カーッとなったらときにはフッとこうするなどの、擬音語・擬態語を多用する特徴があります。プロ野球元読売巨人軍の長嶋茂雄さんのような特徴を持つと考えてもらえればよいです。体の部位が会話の中にたくさん入ってきます。胃がグッと来るとか、頭をスコンと殴られたようだとか、グイッと脚が動くといったような言葉が多い人です。ときにはいっていることのつじつまが合わなくても、対面して聞いていると、何か雰囲気は伝わってきてわかりあえるといったコミュニケーションになります。

(4) 五感を磨いて対応

これらの傾向は、二〇年ほど前、私がNLPを学びはじめたころは、結構はっきりしていました。視覚傾向の人はおおむね外出好き、映画を観たりウインドウショッピングを楽しみます。聴覚傾向は地下のジャズ喫茶で音楽を聴いたり、カフェで会話をしたり。テレビよりもラジオが好きな人は明らかに聴覚傾向でした。体感傾向の人は家でゴロゴロくつろぐのが好きだとか、手を握ったり体に触れるのが好き、といったように違いがありました。

ただ最近は、マルチメディアのおかげで、三つの傾向が入り交じってきました。その中でも比較的表に出る確率の高い傾向で判断することになります。

したがって、相手を注意深く観察して、それぞれの人の傾向に合わせることでラポールを築き、スムーズなコミュニケーションがとれるよう、五感を磨いてほしいのです。

3　傾向の違う人とラポールをとるには

(1)　傾向ごとの好き嫌い、こだわり

傾向の違いを見るには、カップルの例をとるとわかりやすいでしょう。
まず、体感傾向の女性と視覚傾向の男性の場合。
女性：「最近あなた、私のことを全然愛してくれていないじゃないの！」
男性：「愛してるだろう。週末には食事に連れていくし、この前だって何万もするバッグを買ったじゃないか。映画も観に連れていくし、どうして愛してないっていうんだ」
女性：「だってあなた、最近ぎゅっと抱きしめてくれてないじゃない」
男性：「抱きしめるのなんか、ただみたいなもんだ。ほしい物を買ったり、行きたいところ

に連れていったり、いろいろ見せてあげてるじゃないか」

視覚傾向は、見せたり、どこかに連れていったり、買ってあげたりすることが大切と考え、体感傾向の人は抱きしめられたり、触れてもらうことに愛情を感じるのです。だからおのずと、「愛している」の表現が違ってきます。自分の傾向に合わせて愛情を表現しているので、相手には届いていないようです。

次は聴覚の男性と視覚の女性です。

女性：「あなた最近全然私のこと愛してくれていないじゃない。昔は花束買ってくれたり、いろいろなところに連れていってくれたりしたのに、最近は全然愛を感じない」

男性：「愛してるじゃないか、いつも僕は愛しているって言っているじゃないか」

女性：「あなたは口ばっかり。どこにも連れていってくれないし、何も買ってくれてない。口だけは立派なんだから」

この女性は視覚傾向だから、見せて、買って、連れっていってくれることで愛が見えます。ところが相手の男性は、聴覚傾向ですから口で言うことが大切なのです。愛情を実感できるモードが違っているので、伝わりません。

最後は聴覚の女性と体感の男性です。体感の男性は週末になると、男性：「ねぇーねぇー」とべたべたしてくる。
女性：「ちょっとあなた離してよ！　最近は愛してくれなくなったじゃない！」
男性：「そんなことないだろう。なあ、ゴロニャンしようよ」とくっついてくる。そこで、
女性：「私は愛してるって、ちゃんと口で言ってほしいの」
男性：「言わなくてもわかるじゃないか」
みたいな感じになるんですね。こんなふうに、体感はくっついて愛情表現しようとするし、一方、聴覚は口で言ってほしいのです。
男性：「（面倒くさそうに）わかったよ、好きだよ、愛してるって。こうやって言えばいいんだろ」
女性：「そうじゃなくて。その言い方じゃ嫌なのよ」
といったように聴覚傾向の女性は口調とか言い方がすごく大切なのです。聴覚傾向の場合はちょっとした口調の違いがもう気に入らないのです。ほとんど同じ言葉を使っているじゃないかと思っても、聴覚傾向の人は微妙な言い回しが違うとそこにこだわるのです。

す。

(2) 車のセールスの場合

このように、相手の傾向が自分と違うとコミュニケーションはうまくいかないことがありま

たとえば、視覚傾向ではない自動車のセールスマンが、視覚傾向のお客さまとショールームで自動車を見ながら商談をしています。そこでお客さまが、「この車の向こう側も見てみたいんですけど」といった際に、セールスマンは「向こうもこっちと同じですよ」と取り合わない。視覚傾向でないセールスマンにとっては、見ることは重要ではないので「同じですよ」と言いたくなるのです。しかし、お客さまが視覚傾向だと、たとえ同じでも見たい。視覚傾向の人にとってはとにかく見ることが大切なのです。

同様に、「運転席に座って見てもいいか」と、視覚傾向のお客さまが求めたら「先ほど乗られたものと同じですので、見え方は同じです」と言ってしまうかもしれません。でもこのお客さまは見ることで満足するのです。乗ってみて、運転席から見える景色を目で確認したいのです。ですから「何回見ても同じなんだよ」と思わないで「どうぞ。どうですか、どう見えますか」と、何度でも見せてあげることが、視覚傾向の人には効果的です。

同じ状況で、聴覚傾向の人は何にこだわるかというと、エンジン音や室内の静かさなどで

す。この場合は、「ちょっとエンジンかけてみていいかな」と言われて「いや、先ほどの車のエンジンと同じですよ」と答えずに、実際にエンジンをかけて聞かせること。同じように「窓を閉めていいか」と言われたら「閉められないんです」と言わずに閉めてあげて、中で聞くエンジン音、静かさ、話し声やステレオの音などを聞かせてあげること、これがすごく大切なのです。

体感傾向の人は、エンジンの振動や座席の触った感触を味わいたいと思うでしょう。シートなどをビニールで包んでいる場合、お客さまが「ビニールをとってもらえますか」と要求したら「いや、先ほどの車と同じ材質でできていますので、一緒です」と応対せず、ビニールをとってシートなどの直の感触を味わわせてあげると、このお客さまは腑に落ちます。体感傾向は肌で触れた感触を選ぶ決め手にするのです。

(3) 住宅のセールスの場合

住宅やマンションのセールスでも同じことがいえます。視覚傾向のお客さまには「どうです、この広々とした見晴らし。遠くまで見えますよ」と視覚に訴えたアピールをすると効果的です。それを、お客さまが「やあ、いい見晴らしだね」といっているのに「ここは静かですよ」と音に関する対応では、このお客さまは満足しません。逆に、聴覚傾向のお客さまが「うーん、ここは静かでいいね」と言っているのに「ええ、すばらしい見晴らしです」と応えても、このこと自体はお客さまの興味とは違うことになってしまいます。また、体感傾向のお客さまは「暖かいぬくもりを感じる部屋だ」とか「雰囲気が違うね」といった感想を持つでしょうから、それに合わせた対応がお客さまにとって心地いいコミュニケーションになります。

また、お客さまへのアフターフォローについても、視覚傾向のお客さまには、足しげく通って顔を見せるとか、新しいパンフレットを届けるとか、とにかく目に訴えかけることが大切です。聴覚傾向だったら、手紙を書くとか、メールを打つ、電話をかけるなど、文字や言葉でこまめにフォローしていくと好感を持たれます。体感傾向のお客さまには、触れるわけにはいかないので、訪問したときに場の空気や雰囲気を暖かくするように持っていくなどの対応が有効です。

このように、自分と違う傾向の人のこだわりは、なかなか理解できません。そこで営業マンに求められるのは、視覚、聴覚、体感といった、相手の傾向に合わせて話を進めていくことです。視覚傾向のお客さまには、外観や景色、広々とした間取りなど、見えるものをどんどん勧めます。聴覚傾向には、静かさとか好きな音などを、また体感傾向には、雰囲気や触感のよさ、温かな空気など、それぞれの傾向を見極めて、それぞれの傾向に合った対応が、ラポールへの近道になります。

(4)　恋愛や勉強の場合

恋愛の例でそれぞれのモダリティを説明してみると、たとえば、遠距離恋愛が苦手なのは、体感傾向の人です。相手に触れることが大切なので、触れられないというのは辛いからです。だから半年も離れていたら、寂しくてしょうがない。次に遠距離恋愛が苦手なのは視覚傾向です。ただこの傾向は、まだ写真を見るとか、最近だとテレビ電話がありますから、多少は我慢ができます。ですが体感傾向は、残念ながら写真やテレビ電話では補えません。しかし、例外があって、彼氏のくれた縫いぐるみを毎日触っていればＯＫという場合もあります。縫いぐるみで体感を代替しているからです。その点、遠距離恋愛が一番続くのは聴覚傾向です。一年でも二年でも、毎日電話で話していたらそれで十分。離れていても長続きします。

また、勉強をする方法にも傾向があって、視覚傾向の人は、授業のシーンや実験の場面を映像として記憶しています。だから文字よりも挿絵だとか図解があれば覚えやすいとなります。聴覚傾向の人は言語傾向も強いですから、教科書を読み込んだり、テープで聞いたりして覚えます。体感傾向の人は、自分の手で書き写すとか、体を動かしながらの勉強が合っています。

4　傾向への合わせ方

(1)　視覚傾向への合わせ方

視覚傾向の相手の例として、次のようなものがあります。ある部下の相談です。

「部長。いま営業活動をやっていますが、先が暗いんですよ。見通しが立たなくて、霧の中を歩いているようです」。ここに表れた要素は視覚に関する話です。それに対して「それは、重い気分になるね」と受けると、体感の話になってずれてしまうし、「だめだという声が聞こえてきそうだね」と応じたら聴覚になって、相手の傾向には合わないのです。そこで、視覚には視覚で返すとどうなるでしょうか。いったん「見通しが立たなくて、霧の中を歩いているみたいか」とバックトラッキングした後、「霧のずーっと先が見えたとしたら、その先には何が見える？」「うーん、そうですね。先には希望の光が見えるかもしれませんね」「それってどんな光？」と、こんなふうに見えるものの先を見出していきます。そして、視覚傾向の人に忘れてならないのが、アイコンタクトです。その他にも、視覚傾向の人はイメージを描くのが得意で

図4-1　相手のモダリティに合わせた対話（例）

話し手	聞き手
～が見えます	→　何が見えますか どう見えますか 他に何が見えますか その先に何が見えますか
～が聞こえます	→　何が聞こえますか どう聞こえますか 他に何が聞こえますか その先に何が聞こえますか
～を感じます	→　何を感じますか どう感じますか 体のどのあたりに感じますか どんな感触ですか

すので、いろいろとビジュアルに訴えることが効果を生みます（図4－1）。

(2)　聴覚傾向への合わせ方

聴覚傾向の人は、頭の中で肯定的な声と否定的な声が聞こえてきたりします。自分の声でやる気が出たり落ち込んだりするのも、この聴覚傾向なのです。

たとえば聴覚傾向の人に、「『自分はだめ。どうせ無理』『自分はだめ。どうせ無理』『自分はだめ。どうせ無理』……という声が聞こえてくるんです」と言われた場合、「なるほどそんなふうに、無理だという声が聞こえてくるんだね」と一度バックトラッキングします。実は聴覚傾向の人は、主観的な声を増幅したり消したり、早口にしたりすることで、体験を変えることができます。そして「じゃあ、ネガティブな声のボリュームをちょっとオフにしてみて。ところで応援してくれる声はある?」と聞くと「『大丈夫だよ、頑張って!』という声は聞こえてきます」ということが出てくるかもしれません。「ああ、そうか、その声のボリュームが大きくなってきたらどう?」と話を進めることによってリーディングになるわけです。聴覚なら聴覚で対応するということです。

(3) 体感傾向への合わせ方

そして体感傾向の人です。「いやあ、課長、なんかね、A社の件でプロジェクトを進めようとすると気分が重くなるんですよ。胃にずっしりきます」ここに表れているのは体感の話です。この場合も「そうか、胃にずっしりくるか」といったんバックトラッキングした上で「逆に、胃がすっきりしてくるような状況って、どんな感じ」とか、「君、どうなってきたら軽くなるの」というように相手が身体の感じを用いたらやはり身体の感じで返します。すると「他部署を巻き込んで乗り出せたら、結構僕も軽い気持ちでやれますね」「そうか、どの部が一緒に来てくれると君もやる気になる? どうやったら他部署を巻き込めるかな」というふうに進めていけます。それまでの、ただ「ずっしりと胃が重い」だけでは、どうしていいのかわかりません。でも、他の事業部も向こうで一緒に乗り気になってくれたらという話が具体的に出てきたら、そこの行動は可能になります。

以上のように、相手から視覚の要素が出てきたら、見えるもので、聴覚なら、聞こえるもので、体感なら、こちらも身体の感じを使ってコミュニケーションをとるようにする、というように、五感を研ぎ澄ますことで、相手の傾向に合わせたコミュニケーションをとることができます。

モダリティは利き腕と同じなので、視覚、聴覚、体感が比較的均等に使える人もありえます。その場合には視覚、聴覚、体感の三方からアプローチしていって、強く反応した傾向で進めていくという方法もあります。

5　三つのモダリティを全開に

(1)　すべての感覚に訴えることが成功の秘訣

私の師匠のアンソニー・ロビンスによると、歴代のアメリカ大統領は、視覚、聴覚、体感の、三つともに訴えた人がなっているということです。政策の中身以上に、要はビジュアルがよい人、声や口調、言葉の響きがよい人、気軽に握手に応じてくれたり、「やります！」という気迫が伝わってくる人、これらの三要素がそろった人たちが選ばれているそうです。ひょっとしたら、日本の政治家も、ビジュアルがよく、声も心地よく、やる!! という空気が伝わってくる人、つまり視覚・聴覚・体感すべてに訴えかける人が、票を集めているのかもしれません。

コミュニケーションは、五

COFFEE BREAK

―三つの感覚を兼ね備えた名曲「神田川」の世界―

かぐや姫というグループが1973年に発表した「神田川」という曲があります。1970年代に一世を風靡し、いまだに歌い継がれている大ヒット曲です。この曲はその歌詞が、見事に視覚、聴覚、体感すべてに訴えかけるようにつくられています。

「神田川」　喜多条忠　作詞
貴方は　もう忘れたかしら
赤い手拭い　マフラーにして（視覚）
二人で行った　横丁の風呂屋（視覚）
「一緒に出ようね」って　言ったのに（聴覚）
いつも私が　待たされた
洗い髪が　芯まで冷えて（体感）
小さな石鹸　カタカタ鳴った（聴覚）
貴方は、私の身体を抱いて（体感）
「冷たいね」って　言ったのよ（聴覚）
若かったあの頃　何も怖くなかった
ただ貴方のやさしさが　怖かった　(JASRAC 出0610990-601)

一度、どのように訴えかけているかを意識しながら聞いてみてください。視覚、聴覚、体感の全部が歌詞に織り込まれています。

感を使って行います。プレゼンテーションの際には、プロジェクターをはじめ、服装などの外見、声の強弱、スピード、口調、トーンなどにメリハリを持たせることも聴衆を惹きつける要素となります。したがって、この三つの感覚すべてに訴えかけることが、成功への近道というわけです。

(2) 感覚を総動員する

いまはだいぶ変わっていますが、以前は、一流大学の有名な教授や著名な方など、優れた知識を持った方が講師を務められ、「はい、それでは始めます」と淡々と講義を進めるテレビ講座がありました。知識を論理的に解説するという点では、首尾一貫した聴覚傾向の人にはよいかもしれませんが、視覚、体感傾向の人にはあまり魅力的な講義には映らなかったかもしれません。

先ほどのアメリカ大統領選に視覚、聴覚、体感効果を革命的に導入したといわれるＪ・Ｆ・ケネディは、間違いなく三つの感覚への訴えかけを駆使して成功した代表選手です。テレビを使い、派手な色のポスターを掲げ、演説原稿には古今東西の名言をちりばめて語りかけるように訴えかけました。街中を練り歩いて誰であろうと握手をして身近な大統領を演じて見せたのです。

6　アクセシング・キュー

(1)　実際あるものと想像するもの

一概に視覚といっても、外の事物を見る視覚つまり外的視覚と、頭の中に描いたイメージを見る内的視覚の二つがあります。これは椅子だ、いま宅配便のトラックが通り過ぎた、今、外では雲の流れが速いというふうに、いま実際に目で見ている状態、これを外的視覚といいます。そして、それとは別に、たとえば仕事中に、自宅の奥さんを思い浮べる、旅行先の風景、好きな場面を思い浮かべる、あるいは、これから会わなければならないお客さまの顔を思い浮かべる、アフター5に行く居酒屋ののれんが脳裏にちらつく。現実には目の前にないものを、頭の内側で見ている場合があります。こうした頭の中で見るイメージを内的視覚といいます。

このように、同じ視覚でも、目の前で現物を見ている、現に起こっていることを見ているときと、頭の中に描いたイメージを見ているときの二通りがあります（図4－2）。

聴覚も同じです。あなたがこの本を読みながらでも聞こえてくる音は実際にありますが、た

図4-2　モダリティ（3つの感覚モード）

視覚（Visual）：見えるもの
　外的視覚：実際に自分の目で見ているもの
　内的視覚：イメージなど頭の中で見ているもの
　　視覚想起：実際に見たことのあるものを思い出す
　　視覚構成：いままでに見たことのないものを作り出す

聴覚（Auditory）：聞こえる音、声、言葉、内言
　外的聴覚：実際に自分の耳で聞いている音、声、言葉
　内的聴覚：想像の中で聞いている音、声、言葉
　　聴覚想起：実際に聞いたことのある音・声を思い出す
　　聴覚構成：いままでに聞いたことのない音・声を作り出す

体感（Kinesyhetic）：触れるもの、におい、味、体の中の感じ
　外的体感：実際に体に触れるもの、におい、味、体中感覚
　内的体感：想像の中で、体の内や外に感じるもの

とえばお母さんの声が聞こえてくる、あのときのコンサートの曲が聞こえてくるというのは、今、この瞬間に実際に存在するわけではなく、内的聴覚の作用ということになります。

体感にも同じことがいえます。いま座っているソファの感触は現実の外的体感ですけれど、昨日触れた赤ちゃんの頬っぺたの感触や、真夏のビーチで触ったあの砂の熱さ。現に、いまない感触を思い出す、これらを内的体感といいます。

(2)　想起と構成

内的視覚には大きくわけて二つあります。視覚想起と視覚構成です。視覚想起というのは、すでにあるものをそのまま思い出すことで、どちらかというと過去の事象を対象とします。お母さんの

顔を思い出す。これは視覚想起なのです。それでは、そのお母さんが頭の上にパンダのかぶりものを載せているところを想像してください。実際にやったことのないことを想像する、これが視覚構成なのです。これまでにないものを創り出すということで、どちらかというと未来が想像です。想起は過去で、構成が未来です。

人間が想像するものには、すでにあった過去を思い出すパターンと、ないものを創り出すパターンの両方があります。音もそうですね。お父さんの励ましの声を聞く聴覚想起と、今まで一度も聞いたことのないお父さんの歌うカンツォーネを創り出して聞く聴覚構成の二つの要素があります。聴覚構成は、いままでにない音を聞いているわけです。

このように感覚モードには、実際過去に見たり、聞いたり、感じたりしているものと、頭の内側、つまり想像で見たり、聞いたり、感じたりしているものがあり、また想像の中でも、過去にあったことを思い出す想起と、ないものを創り出す構成があるということです。

(3) 相手はどの感覚モードにいるか

NLPでは、目の動きを見れば、相手がいまどの感覚モードでいるのかを推量することができるといいます。これをアクセシング・キューといいます（図4－3）。

図4-3　アクセシング・キュー

目の前にいるお客さんや部下・上司の目が、上方を向いている場合は、頭の中で何かを思い描いている、視覚モードに入っていることを示しています。みなさんも、何か頭に思い描いてみてください。目が上を向きませんか。その上に、自分から見て相手が左上を見ていれば、過去に経験のないものを想像している視覚構成モードです。つまり、人は、お母さんがパンダのかぶりものをしている姿を創り出すときには、自分の右上に像を浮かべる傾向があるのです。一方、現実のお母さんの顔を思い出す場合には、自分の左上に姿を浮かべるようです。同様にして聴覚でいえば、たいていの人が、すでに聞いたことのある音を思い出すときは自分の左横に、そしてお父さんのカンツォーネを聞く、つまり想像を創り出す場合は右横に目が向きます。体感覚の面では、ソファの触り心地を思い出している場合は、自分の右下に、そして頭の中で会話しているときは、

左下が目の位置になります。以上の説明については、自分から見た場合と相手から見た場合をお間違いなく。

このように会話の途中、相手の目の動きから、その瞬間瞬間のモダリティがわかることで、「どんなイメージが浮かびましたか」「いま何を考えていましたか」「どんな感触がありますか」など、相手のいまいるモダリティに合わせて質問をすると会話が進みます。

たとえば、お客さんや上司が上のほうを見ているとします。

「いまどんな場面を想像されていますか」と聞くと、

「こんな場面を想像していました」と答えが返ってくるかもしれません。

真横を向いているお客さまには、

「いま、何を聞いていましたか」

と質問すると、

「○○が聞こえてきました」

と打ち明けてくれるのです。

(4) 目の前の相手を基準に

このことは、以前は脳の動きと目の動きに関係があるといわれており、大脳生理学から説明できるとされていました。しかし最近はさまざまな異論も出てきて、必ずしも大脳生理学的に正しいとはいえませんが、経験則からいうと、結構当たっていて、実生活では役に立ちます。

したがって、先ほどの目の動きと視覚、聴覚、体感の関係は、たいていの人に当てはまります。しかし大切なことは、実際に会話をしながら、相手がイメージを描いているときには目がどこに向いているか、音や声を聞いているときにはどちらを向くか、あるいは体感のときはどうかをしっかりと見極めて、その相手自身から得た情報を、その相手のデータベースとすることなのです。

7　四つ目の傾向

(1) 「言語」という傾向

本書では、おおまかに視覚、聴覚、体感覚の三つの傾向をご紹介しましたが、厳密には、もう一つ「言語傾向」というのがあります。通常は、この言語傾向は聴覚傾向に含めて言及しています。

　コミュニケーションを進めていくと、人は、どんどん感覚鋭敏になるか、思考に走るかのどちらかに分かれます。ちょっと哲学的な、禅のような話になりますが、いまこの瞬間に見えるもの、たとえば部屋の中なら家具調度品などと、そして聞こえるもの、風の音、窓の外を通る自動車、さらに座っている椅子の感触、指先に感じるコップの冷たさ、といったものに五感のすべてがフルに働いていると、思考はなくなります。いまここで起こっていること、見るもの、聞くもの、触るものに、瞬間瞬間一〇〇％五感をとぎすませていると、思索する余地はなくなるということです。

　たとえばテーブルの上にお茶があります。ただ茶の色を見て、茶の音を聞いて、茶の冷たさ、味、喉ごしを感じるというふうに視覚、聴覚、体感を全開にした瞬間、茶についての思考は浮かばないのです。ただここに茶が「存在する」だけです。

　しかし、さすがにそうは生きていないので、お茶を見たら「飲みたいな」とか「冷たそうだな」とか、あるいは「誰か飲むかな」と何かの考えが起こります。中には、そのお茶を見た瞬間、「茶は中国で始まり、中国の皇帝貴族の飲み物であって……」とか「最近、コンビニなどでペットボトルのお茶が大人気だが、昔はお茶を自販機などで売り出すなんてことは考えられなくて……」といったふうに、感覚ではなくて、理屈やうんちくのほうに考えが行く人もいます。そういう人たちのことを、「言語傾向」と呼ぶことができます。感覚よりも思考の割合が多い人たちです。ものを目や耳、肌や鼻、舌で感じる時間よりも、頭の中でそれについて言語で思考する時間のほうが長い人です。

(2)　言語傾向はどんな人？

二十四時間、五感が開いた思考がない状態、無の状態、空の状態、いわゆる悟りの状態になるのは難しいし、外から入ってきた情報にまったく気づくことなく思考だけにふけっているという人もほとんどいないでしょう。普通人間はどちらの状態も行ったり来たりしています。ただ、どちらにいる割合が多いかという傾向は、人それぞれ違います。

一般的には、人は、視覚傾向、聴覚傾向、体感傾向のどれかに分かれますが、これらの傾向に当てはまらない人、それが言語傾向です（図4－4）。通常、人は視覚、聴覚、体感のどれかが他に比べて強く出るのですが、この言語傾向の人はどれも全体的に弱いのです。見たもの、聞いたもの、触ったものに対する感覚が、あまり開いていない人です。この傾向の人にとってコミュニケーションで大事なのは、言葉そのものです。

図4-4　言語傾向の位置づけ

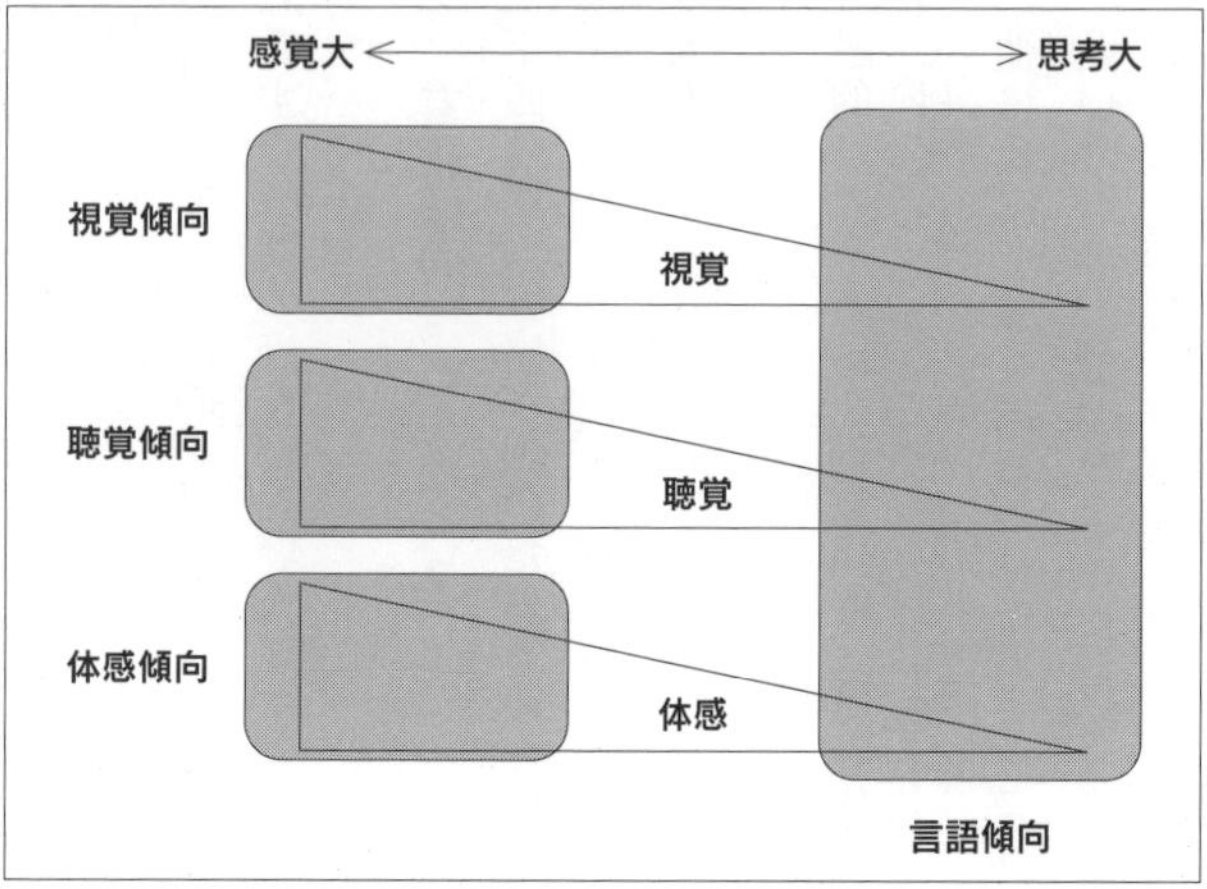

たとえば、人を好きになるときに、視覚傾向は見た目、聴覚傾向は声など、体感傾向はその人の雰囲気や触れたときの感触が決め手になります。ところが言語傾向はそのどれにも関心を示さず、その人の発した言葉や手紙、メールなどの内容に惹かれるようです。

事実、私の知人で、相手を一度も見たことも、声を聞いたことも、体に触れたこともないまま、メールのやりとりだけで結婚した人がいます。メールのやりとりを二、三十回繰り返した末にこの人だと決めたあと、実際に会ってみても躊躇も後悔もなかったといいます。この傾向の人は言語のやりとりの相性が大切で、見た目や声、雰囲気はあまり影響を与えないのです。

ただ、聴覚傾向は比較的言語に対する感覚も鋭敏なので、言語傾向を聴覚傾向に含んで考える方が簡便かもしれません。

(3)　言葉のラベルを貼る

視覚、聴覚、体感のそれぞれの傾向は、情報を受け取る感覚の強弱で区別するのですが、言語傾向は感覚対思考の構造でとらえるので、ちょっと次元の違う傾向なのです。

言語傾向の人は、見てイメージし、聞いて響き、触って感じるよりは、五感から得た情報をすぐに言葉に置き換える。言い換えれば、見たもの、聞いたもの、触れたものに、言葉のラベルを貼らずにはいられないのです。言語傾向以外の人は、店のレジがガチャンと開く音を聞いたら、「大きな音だ」くらいは思うかもしれませんが「レジの音だ」と受け取るだけなのです。ところが言語傾向の人だと、「いまお釣りを出そうとしている」「この機械は少し古いんじゃないか」「機械じゃなくて、あのレジ係りの態度が荒い」などと、ガチャンという音からどんどん言葉で思考が続くのです。

外からの情報を、すべてを言葉にしてしまう。ある意味で言語傾向は作家に向いているかもしれません。文章がうまいかどうかは別問題です。下手かもしれないけど、言語へのこだわりが強いのです。好きだから結果的には上達するともいえますね。

言語・聴覚傾向の好例に『世界の中心で、愛をさけぶ』があります。主人公の女の子が言語・聴覚傾向です。好きだという気持ちを言葉にして、テープに吹き込んでやりとりします。一方、彼のほうは、とにかく言語・聴覚傾向でないことは確かです。どちらかというと体感傾向でしょうか。彼はテープに吹き込んだりすることを面倒くさがるのです。それより会って抱きしめたほうがいい。でも彼女はそういうことよりも、テープに録音して渡し、言葉のやりとりを好む。彼女は典型的な言語・聴覚傾向といえます。

8　変化するモダリティの傾向

モダリティの傾向は、もちろん人によって異なりますが、同じ人でも状況によって変わることもあります。仕事では聴覚傾向なのに、恋愛では視覚傾向という人もいます。その同じ人が、勉強をするときには、手で書いて覚える・理解するのが得意などと、体感傾向であったりすることもあります。

視覚傾向、聴覚傾向、体感傾向というものは、とくに不自由なことがないかぎり、年とともに変わったり、入り交じったり、または分かれたりすることはそれほどありません。

しかし、生活環境によって変わる可能性や、必要に迫られて変わる可能性、訓練によって変えられる可能性はあります。たとえば、自分とはまったく傾向の違う相手と結婚をして、相手を気遣ううちに徐々に相手の傾向に近づいていくということもあります。また、自分は言語傾向が弱いのだけれど、出版社に就職をしてしまって文字を扱わなければならなくなったとします。これは必要に迫られますよね。職業柄というのは、どうしてもあります。そして訓練によって習得する場合があります。セールスマンが、自分の苦手なお客さんにこちらを向いてもらおうと、お客さんの傾向を訓練によって身につけるという場合もそうです。

モダリティの傾向が変わるというのは、自分を無理に変えることではなく、環境によって感覚が豊かになり、幅が広がることだと考えてほしいのです。選択肢が増えるということです。

9　ラブボタン、地雷ボタン

視覚、聴覚、体感と、人にはそれぞれの感覚の傾向があります。それぞれの傾向によって、うれしいと思う行為、いやだと思う行為が違うので、傾向の違う相手に対して自分がしてもらってうれしいと思うことをしたとしても、それで相手が喜ぶとはかぎらないのです。下手をすると、自分のうれしいと思う行為が、相手にとっては許せない行為かもしれません。だからこそ五感を研ぎ澄まし、コミュニケーションをとろうとする相手に合わせて、相手の気に入る行為、つまり「ラブボタン」と、相手がカチンとくる行為、つまり「地雷ボタン」を見つける必要があるのです。

たとえば、部下が朝早く来てみんなの机を拭いてまわっているのを好ましく思う上司もいれば、部下が毎日夜遅くまで残って資料づくりをしているのを好ましく思う上司もいます。あるいは、とにかく実績を上げてくれる部下が一番かわいいという上司もいれば、いつも大きな声で元気に挨拶する部下がいいという上司もいます。中には親しげに自分と同じ口ぶりで話しかけてほしいという上司もいれば、逆にきっちり敬語を使うことを望む上司もいます。

このようにいろいろな傾向に分かれる上司の「ラブボタン」を適切に見極めることが、よいコミュニケーションを築くための第一歩になるのです。

その反対が「地雷ボタン」です。たとえば「もっと元気を出せよ」といわれて、その上司の考えている「元気」の意味に合わない行為をとると、「ラブボタン」を押してるつもりが、「地雷ボタン」だったりする可能性もあります。

通常、人の話は省略・一般化・歪曲されていますから、具体化・個別化・明確化していかないと「ラブボタン」や「地雷ボタン」は見つかりません。相手のいう抽象的エッセンスを自分流に解釈して、「ラブボタン」、「地雷ボタン」を見つけるのではなく、必ず具体的なエピソードから引き出すことが重要です。

たとえば自分の上司に、「僕がどんなことをしているときに、努力しているなと感じますか」と聞けば、

「そうだな、企画書をいっぱい書いたときかな」

「ほかにはどんなときがありますか」

「そうだな、会議中に意見をバンバンいうとか、役員に対しても、凛として自分の意見をいっているときなんか、ああこいつはがんばっているなと思うよ」

と、具体的事実を引き出します。そうすることで、上司の「ラブボタン」が見つかります。

「地雷ボタン」も同じです。

「どういうとき、僕に気力がないとお感じになるのか教えていただけますか」

と聞けば、

「そりゃおまえ、たとえば……」

というふうに具体的エピソードが引き出されます。

次からはその引き出した「地雷ボタン」を押さないようにしたいですね。

10　大勢のときこそ五感を全開に

では、大勢とコミュニケーションをとるときはどうすればよいのでしょうか。それは五感すべての感覚を使えばいいのです。なぜなら、どの傾向が誰にヒットするかわからないからです。相手の視覚に映るように、相手の耳に響くように、そして相手の心に温もりがしみるようにコミュニケーションをすることで、より多く人とより早くラポールをとることができるでしょう。

先ほども述べたように、歴代のアメリカ大統領は、視覚、聴覚、体感すべてに訴える技術のもっとも高かった人が常に当選しているという研究もあります。ですから、大勢を相手にするコミュニケーションでは、相手の五感をすべてに訴えかけるように、さまざまな傾向が入り交じる聴衆の、それぞれの傾向に働きかけましょう。

会議やプレゼンテーションなど複数の人とコミュニケーションする場合は、同時に全員とミラリング、ペーシング、バックトラッキングはできませんが、誰かとくに重要な人、キーパーソンとラポールをとると決め、その人に姿勢や動きを合わせてコミュニケーションをすることもできます。もし質問をしてきた人がいれば、その人としっかりラポールをとることはできますね。

熟練した講演者などは、場の全員の視覚、聴覚、体感に訴えかけるばかりでなく、大きな身振りや小さな身振りのボディランゲージを使ったり、ゆっくりとした口調や早い口調にしてみたり、あるいは声の強弱やスピードを変えるなど、動作、表情、口調や息遣いなどを多用してコミュニケーションをとります。

つまり、五感を開くコミュニケーションとは、あらゆる人に訴えかけるプレゼンテーション、自己表現を可能にするものでもあるのです。

［V］

コミュニケーションの「核」となるもの

前章までは、NLP（神経言語プログラミング）に沿って、五感を用いたコミュニケーションの方法について話を進めてきました。本章では、アドラー心理学（図5－1）の切り口で、コミュニケーションを円滑にするための姿勢やスキルについて説明していきます。

1　良好なコミュニケーションの「特徴」

(1)　相互尊敬から始まる

①お互いに尊敬できていること

良好なコミュニケーションにはいくつかの特徴があります（図5－2）。まず一つは、相互尊敬、つまり能力、技術、役割、立場に関係なく、相手を大切に思える状態のことです。

私は大学院に通っているころ、カウンセラーや専門学校の講師をしていました。また、それと同時に、週の半分はビルの窓拭きの仕事をしていました。青いつなぎを着て、地べタに座りながら「今日の現場はどこかなぁ」といった感じでタバコを吸っていました。専門学校の講師をしているときは、「先生」として大切にされます。ところが、窓拭きとしてビルに行くと、ときには邪険に扱われることもありました。たとえば、一〇階のトイレが近いので使おうとす

図5−1　アドラー心理学

オーストリアの精神科医Ａ・アドラーによって創始されたアドラー心理学は、以下の５つの理論的特徴があります。

創造的自己：「何が・誰が悪いか？」ではなく、「どうすれば解決できる？　今ここで自分に何ができる？」と主体性を発揮する
目　的　論：過去の原因ではなく、未来の可能性にフォーカスする
全　体　論：意識と無意識、心と身体を相反するものととらえず、起こっていること全体を扱う
対関係論：問題や症状を対人関係の文脈の中でとらえ、お互いにとってよりよい所属感を見出す
現　象　学：自分ではなく、相手の視点から「何がどう見え、その人にとってどんな意味があるか」を探る

ると、ビルの管理人さんに「あなたみたいな人が、その格好でこのトイレを使わないでくれ」と、いわれたのです。清掃員は使うなというルールがあったのかも知れないですが、それ以上に、明らかに清掃の人間を見下しているような姿勢を感じました。

他のビルに行ったときに出会った管理人さんは、「本当はいけないんだけれど、いまならいいよ」とトイレを使わせてくれたり、缶コーヒーをご馳走してくれました。清掃のアルバイトだろうが、社長だろうが、役割、立場に区別なく、人間として扱ってくれたのです。すぐにでもよいコミュニケーションがとれるのは、こういう態度でいる人なのかもしれないと思いました。

②上司・部下の関係でも、まず尊敬

職場の上司・部下間でもこのことはいえます。もちろん部下の中には、経験が浅いだけでなく、能力や技術的

図5-2　良好なコミュニケーションの「特徴」

1	**相互尊敬** 能力、技術、役割、立場に関係なく相手を大切に思える
2	**相互信頼** 無条件に（その人がどんなことをしようとも）相手を信じられる
3	**協　力** 相手と力を合わせて、全体の総生産性を上げる
4	**共　感** 自分の損得に関係なく、相手の立場に立てる
5	**目的の一致** 何のためのコミュニケーションか

に多少なりとも劣っている人もいるかもしれません。だからといって、「だから君はだめなんだ」とか、「君は役立たずだ」などと、人格を否定したりさげすんだりしたら、その部下とはよいコミュニケーションはとれません。その場合は、部下の人格ではなく、改善させたい能力や技術、知識にフォーカスして、「このことについてはまだ知識が足りないから、もっと努力しよう」と具体的に指導やアドバイスをするほうがよいのではないでしょうか。

決して、部下に厳しくするなということではありません。重要なのは、能力や立場の優劣はあったとしても、その人の人格に優劣をつけないということなのです。

このように、よいコミュニケーションが築けている現場では、能力、技術、役割、立場を別にして、相手のことを人間として尊敬できている人たちがいます。

③本音のコミュニケーションとは

このことは、お客さんに対するときもいえます。相手はお客さんなのだからと、あまりにへりくだって「ごもっともです。おっしゃるとおりです」とやっていては、やはりよいコミュニケーションは築けません。ビジネスはギブアンドテークが原則ですから、「かしこまりました。それは何とかします」という一方で、「お客さま、その点については承りかねるのですが」と、よい意味でお客さんと対等の立場に立って、しっかり自分の立場を伝えてくれる人のほうが「ああ、この人は信頼できるな」と、お客さんも本音で接してくれます。

何でもかんでも「おっしゃるとおり」とお客さんを持ち上げていては、お客さんも「これは強く出れば何でもいいなりだな」と思って、上っ面では調子を合わせてくれるでしょうが、継続的なビジネスには至らないでしょう。この場合、お客さんは、このセールスマンとは本音でつき合う気持ちは持てません。つまり、人間同士のコミュニケーションがとれているとは思っていないのです。ビジネスは、お互いの利害を認め、お互いを認め合った対等な関係が築くことができなければ決して成功するものではありません。

(2)　無条件に信頼する

ここでいう相互信頼とは、無条件にその人を信じることができている状態のことです。なんらかの条件を設けて、それを満たしたときだけ相手が信じられるというのでは、相互信頼とはいえません。たとえば、上司は、部下が予想以上の売上げを上げたときだけは信頼を寄せているような態度をとるけれども、通常はなかなか信頼してくれない。上司がそんな姿勢だと、成績さえ上げればと部下も少しはがんばるかもしれません。しかし、この部下は、上司と本当の意味でコミュニケーションがとれているとは感じないので、長続きはしません。二人の間に、本当の信頼関係ができていないのです。

①徹底的に信頼すること

本当の信頼関係を築くためには、まず自分が相手を信じることから始めてみましょう。相手に対してほんの少しでも疑いがあったら、良好なコミュニケーションにはなりません。

夫婦の間を例にとります。夫が妻に対して疑心暗鬼になって「浮気しているんじゃないか」「むだなものに金を使っているんじゃないか」「消費者金融に借金があるんじゃないか」と疑ってしまうと、事の真相にかかわらず、奥さんとのコミュニケーションは悪化していきます。

たとえば職場で上司が「こいつはどうせ、営業の途中、喫茶店でさぼっているに違いない」と考えながら部下に接しているところでは、部下が本当にさぼっているか否かにかかわらず、上司・部下の間によいコミュニケーションはとれていません。

みなさんは、自分を疑っている人と、本音でコミュニケーションがとれますか。

万が一、相手が浮気をしていたり、お金をむだ使いをしていたり、仕事中にさぼっていたり、何か隠し事をしていたとしても、相手に対しては、「毎日ご苦労さま。本当にいつもよくやってくれてるね」などと、それに関する疑心をまったく感じさせない態度で接したら、相手はどんな気持ちでしょう。自分を無条件に信じてくれる、あるいは、自分の隠し事に気づいているかもしれないのに、微塵も疑いの姿勢を見せない、という態度を見せつけられたら、人はごまかし続けることはできなくなります。もちろん、最初は、「しめしめ、うまくだませた」と思うかもしれません。しかし、ずっと信頼されると、相手はだまし続けることが辛くなるのです。

②テクニックや演技は見透かされる

私の師匠のカウンセラーが、ある子供のカウンセリングをした後に、財布の中から千円札が四枚なくなっていることに気づきました。状況から見ても、明らかにその子が盗んだということはわかりました。次のカウンセリング時に、その子も「あなた、私の財布から……」と聞かれるのではないかと覚悟している様子がうかがえました。ところが師匠は、いっさい何もいわず、何事もなかったかのように、引き続きずっと彼女とコミュニケーションをとります。つまり、彼女に対して一片の疑心も感じさせなかったのです。すると、一ヵ月ほどたったときには財布に三千円が、もう一ヵ月後には残りの千円が戻っていました。

これをビジネスに当てはめてみます。ある商品を卸している問屋がありました。この問屋は卸と同時に、小売を指導する立場。ただし、小売は自治なので仕入れ値の安いところがあったら、そこから買いたいわけです。いろいろアドバイスをくれたり、ときには資金の貸付けもしてくれるけれど、もし一円でも安く仕入れられるところがあれば、安いほうをとりたい。でも、いろいろ世話になっているだけに、よそから買うとはいえない。それで、黙って一部をよそ買いする。よそ買いの比率が徐々に増えてくる。すると「よそ買いしているんじゃないか」という噂が立ってくる。それでも、この問屋の担当者は、本当に小売を信頼して、よそ買いの話題は出さず、「いつも一所懸命やってくれてありがとう。もっと売れるように一緒に販促策を考えましょう」と、本心からそう思っていることが伝わると、もうその小売はよそ買いをしなくなります。なぜなら「この人は心底、私のことを信じてくれている。こういう人を裏切ることはできない」となるからです。

極端な例かもしれませんが、一〇〇%信頼されると、最終的に人間は相手を裏切れなくなります。

ところが、これをテクニックとして「こういうふうにいえば、よそ買いできなくなるな」と、計算づくで行うと、相手にもこちらの手の内が透けて見えます。だから無条件の信頼というわけです。

良好なコミュニケーションを築けている現場では、必ず、心から部下を信じる、心からお客さんを信じる、つまり、人間としての相手への信頼があります。

(3) 競争ではなく、協力する

良好なコミュニケーションがとれているときは、必ず協力関係ができています。その反対が競争です。良好なコミュニケーションとは程遠いのは、お互いに相手を蹴落としても自分だけが得をしようとしているときです。

トランプやボードゲームなど、私自身がゲームをする目的は、仲間と楽しくよい時間を過ごすためです。気の合う仲間と、一緒になって笑ったりはしゃいだり、楽しいひとときを過ごしたいからです。しかし時には、いつのまにかムキになって、だんだん勝ち負けにこだわってきて、本来の趣旨を失ってしまったこともあります。するとゲームだということを忘れて怒り出す人も出てきます。「おまえ見てろよ。復讐してやるから」といった感じになって。そうなると、「こいつだけやっつけりゃいいんだ」と、みんなで敵対しあって、険悪なムードになり、不愉快な時間に変わってしまいます。良好なコミュニケーションは、こうした雰囲気の中では成立しません。

①勝ち負けではなく「会社をよくすること」

職場の上司・部下の関係でもそうです。議論や判断は、会社をよくするための協力関係が下地にあるとよいコミュニケーションがとれます。それを議論や判断だけの勝ち負けにこだわって、「俺のいうとおりにしないから失敗するんだ」とか「おまえは間違っている。俺が正しいんだ」となると、もうこれは上司・部下の協力関係とはいえません。このような競争関係では、コミュニケーションがうまくとれず業績に響くかもしれません。最近の若い人たちは、前述のようにいわれたら、「そうですね、僕の間違いでした」と一応は答えるかもしれませんが、実際には聞かないということも少なくありません。

それではどうすればよいか。「なるほど、君はこうした意図でやったんだね。ところで、どういう点が今回はうまくいかなかったと思う？　……そうか、それが原因か。僕はこの場合はこうしたほうがいいと思うんだが、どうしたらお互いのよいところを生かせるかを一緒に考えないか？」という協力の姿勢が大切です。もちろん、同じ社内、同じ上司・部下の関係でも、いつでも協力の関係を築けるとは限りません。しかし、よいコミュニケーションがとれているときには、必ずそこに協力関係があります。それは、二人の議論の前提に、会社をよくすることという、勝ち負けよりも大きな目的があるからです。

②「会社をよくする」ためのライバル意識

ライバルに関しても、ライバル意識を持ち、競うことによって会社をよりよくするという、大きな意味での協力関係があるはずです。個人的な評価を得たいという欲求だけから、同僚の仕事の邪魔をしたり、足を引っ張る社員がいる会社はいつか破綻します。

営業部に一課、二課、三課があって、どの課も営業成績で絶対他の課には負けられないと、それぞれが勝手に行動したらどうなるでしょう。まずお客さまのところに営業一課が行って、取引をしてくれと頼みました。同じように、二課も三課も同様の依頼をします。しかも、それぞれの課は、そのお客さまとの商談を他の課と情報共有していません。お客さまにしてみれば、同じ会社から次々に違う営業マンが訪れることだけでも奇異に感じているのに、三つの課ともに違う条件、違うアプローチを提示したら、この会社に対する信頼感をなくして取引をやめてしまうでしょう。

結果として、営業部の三つの課は他の課との競争にだけ気をとられて、会社全体の業績を上げるという本来の目的を見失っていたことになります。三つの課が、自社の業績を上げるという目的のもと、それぞれがお客さまからの情報を交換し、互いにフォローしていくという協力関係を築いていれば、大切なお客さまを失わずにすみます。

もちろん会議等で、真剣に意見を戦わせることも必要ですが、これも、成果に向けたよりよい策を協力して生み出すという関係がベースになっていることが大事です。

(4) 共感――相手の立場・気持ちを感じる

自分が好かれるためとか、自分が得するためではなく、相手の立場に立ち、相手の気持ちを自分のことのように感じられているときも、よいコミュニケーションが起こっています。

たとえば、お客さまのクレームに対して、自分のほうが損をしないように「申し訳ございません。しかし、うちの商品に関しましては……」と応えると、結果、自己弁護しているのがお客さまに伝わります。

ところがお客さまの「これおかしいんだよ」に対して「なるほど、おかしいですね」と、一旦相手の立場に立って共感することができたら、お客さまは自分の主張を受け止めてくれたと、それだけで幾分かは理解してもらえます。

部下に対してもそれはいえます。いきなり「君、これじゃだめだよ」と頭ごなしに責めるのではなく、「僕も新人のときはうまくできなかったよ」と、いったん相手の立場に立ってから「そこは、もっとこうするとよくなるよ」と説けば、部下の受け取り方も変わってきます。

ここでも大切なことは、スキルとして行動するのではなく、心から相手の立場や気持ちを感じようとすることです。このように、相互尊敬も、相互信頼も、協力も、共感も、心からのものでないと、簡単に相手に見抜かれてしまうのです。

(5)　コミュニケーションの目的の一致

良好なコミュニケーションがとれているときには、気づいているいないにかかわらず、「何のためにコミュニケーションをとるのか」というお互いの目的が一致しています。

①その場その場の目的をはずさない

たとえば会議に参加した全員が、この会議は、三ヵ月後に開催されるイベントの出場者とその演目、その他の準備品を決めるためのものなのだと合意して集まっていたとしたら、白熱した議論になっても、有意義なコミュニケーションがなされ、結論に着地させることができます。そうではなくて、会議参加者のそれぞれが、たとえば、ある人はどんどんよいアイデアを出すため、またある人は別のプランを提案するため、そしてある人はこのイベントの波及効果を検討するため、ある人は定例だからといった感じで、それぞれの集まる目的がずれているとすれば、その会議では建設的なコミュニケーションは生まれず、結論にも至らないでしょう。

遊びでも同じ。たとえば週末に近所の人たちとバーベキュー・パーティをします。このパーティでは、あえて誰も目的などはいわないでしょうが、とにかく自然の中でおいしい物を食べて、楽しい時間を過ごす、共通の目的があるはずです。こうした場所での話題といえば、スポーツのこととか子供のことなど、軽くて当たり障りがなくて、しかも誰でもその話題に入ってこられるようなものが選ばれます。

ところが、これが、会社の帰りに新橋の飲み屋に来て、みんなそのうちに憲法改正問題について語り出し、盛り上がったとしたら真剣な話題がこのときのコミュニケーションの目的だといえます。最初はその気がなかったのに、話しているうちに乗ってきたという形でも、こうなると暗黙のうちに目的は一致していることになるのです。こうして白熱する議論の中で、一人が「そういえば、合コンで知りあったあの子がさぁ……」といったら、その時点でこの彼と他の人は、コミュニケーションが途切れてしまいます。

②仕事は常に目的意識を持って

遊びでは、一人二人がとんちんかんに話を振っても別にかまいませんが、仕事となるとそれでは困ります。お客さまとアポイントをとりました。では訪問の目的は、クロージングまで行くことなのか、情報収集なのか、提案をすることなのか、顔つなぎなのか、それをはっきり意識して出向いたほうがいいでしょう。もちろん商談は生き物ですから、こちらがクロージングまで詰めるつもりで臨んでも、先方の都合で目的を達することができないかもしれません。だからといって、成り行きまかせで臨んだらまとまるものもまとまりません。つまり、「じゃあ、契約しましょう」といわれたときに、こちらに万全の準備がなければ「ちょっと待ってください」と、せっかくのチャンスを逃すことにもなります。したがって、お客さまへの訪問時には、こちら側は必ず何らかの目的を固めていくと安心です。

2　良好なコミュニケーションのための「姿勢」

(1)　横の関係

よいコミュニケーションを築くための姿勢は、能力、技術、役割、立場、にとらわれない、横の関係であるということです（図5－3）。これは前節で述べた相互尊敬にもつながりま

図5-3　良好なコミュニケーションの「姿勢」

1	**横の関係** 個人差←能力、技術、役割、立場 対　等←人格(人間としての価値)
2	**勇気づけ** 相手のよいところを見つけて、元気づける
3	**相手から「感謝」を探す** 相手にしてもらったことも、探せばたくさん見つかる
4	**勝ち負けや人との比較よりも、よい関係を重視する** 相手とどういう関係を持ちたいかを考えて行動する
5	**3つの傾聴レベル** 自己レベル／集中レベル／全体レベル

す。つまり、人にはそれぞれ、その能力、技術、役割、立場などに個人差はありますが、そういうものに関係なく、同じ人間としての相手の存在を認めるというものです。

清掃員でも社長でも、平社員でも新人でも上司でも部下でも、相手の存在を認めるという姿勢があると、よいコミュニケーションがとれます。あの人は無能だからだめ人間で、あなたはやり手だから尊敬します、とある特定の要素だけで判断・評価しないことです。人それぞれ何らかの差があることは認めるとしても、それは人間としての評価とは関係ないのですから。

(2)「いいとこ探し」で勇気づけ

相手の長所を探して、相手の好きなところを見つけて、相手を元気にします。といっても、これは相手の機嫌をとったり、同情したりしましょうということではありません。本心から、相手のここがいいなと思うところを見つけようとすることです。

たとえば、自分のスキル上の問題ではなく、人間的にダメ出しする上司。技術ではなく「こんなのもできないのか、おまえは」などのいい方をする上司。そんなふうに自分の悪いところ、ましてや人格レベルでのダメ出しをする人と、「ああ、ぜひともこの人ともっと仕事をしたい」あるいは「よいコミュニケーションをとって、成果を出していきたい」と思うでしょうか。

それとは反対に、自分を人格的に受け入れてくれる上司。もちろん自分が、能力、技術、役割、立場などのスキルレベルで劣っていたとしても、人間として自分を認めてくれる上司です。ときには「これじゃだめだよ」といって技術面ではすごく厳しい人かもしれませんが、人間としてあなたのことを認めて、受け入れてくれて、可能性を信じてくれた上司。その人とは、「ぜひもっといいコミュニケーションをとって、協力して、成果を上げたい」と思うのではないでしょうか。

私が管理職の方を前にしていうことは、「みなさんも後者の上司がほしいと思うのなら、みなさん自身がまず、こういう上司になってあげてください」ということです。同様に、「お客さまに対してもこういう態度のとれる人間になってください。また、みなさんが、父親母親だったら、自分の子供に、しつけは厳しく、しかし一人の人間として尊敬してあげてほしい」ということです。最近はこの逆で、しつけは甘く、好きなように自由にさせるけれど、自分の子供を「できる」存在として認めてあげていない子育てを、よく目にします。

コーチングでいわれる「承認」のスキルも、「最近、よくがんばっているね」「例の提案書、よかったよ」「売上げが上がってきたね」という小手先のレベルで終わってしまうと、その人そのものを受け入れるという姿勢が伝わらないかもしれません。心から「よかったよ」と思い、「承認」する、人間そのものを大切にする態度こそが重要なのだということを忘れないでください。

(3) 「感謝」を探す

相手のよいところを探すばかりでなく、「ありがとう」「うれしい」と感じることを、相手から探し出すことでも、よいコミュニケーションが生まれます。

ちょっと想像してみてほしいのです。普段、職場あるいは仕事で毎日のように会う人で、好きでも嫌いでもないニュートラルな感じの人です。では次に、その人にされていやだったことを、できるだけたくさん思い出してください。「挨拶しても返事が返ってこないときがあった」とか、「ちょっとぞんざいな頼まれ方をした」など何でも結構です。できるだけいやなところを探してください。探すと、いやなところは見つかるでしょう。とくにいやだと思っていなかった人でも、いやなところを探せば見つかるし、見つかれば見つかるほど、だんだん嫌いになるでしょう。

こんどは、もう一度いまの人をニュートラルに戻して、逆に「してもらって嬉しかったこと」「ありがたいなあと感じたこと」を探してください。ほんのちょっとしたことでもいいです。「ありがとう」といわれてうれしかったとか、プレゼントをもらったとか、一声かけてくれた、残業しているとき気にかけてくれた、にっこり微笑んでくれた、何でも結構。「感謝したいなあ」「うれしいなあ」「好きだな」という場面、できるだけたくさん思い出してください。浮かぶでしょう。すると、思い出す前に比べて好感が持てるようになりませんか。

つまり、同じ相手でも自分の気持ち次第で、好きにも嫌いにもなれるということです。

一番わかりやすい夫婦の例では、ある夫は「女房とはよい関係でいたいのです」といいながら、「でもね、あいつ、飯はまずいし、洗濯は雑だし、掃除も嫌いみたいでね。おまけに不細工な顔しているわりに化粧が長いし、時間にルーズだし……それでいて、僕のやることなすことには文句をつけるんだ」と奥さんのダメ出しばかりしてしまいます。そうしておいて「でも女房とは仲良くしたい」といったって、それは無理です。自ら奥さんのいやなところを探して嫌いになっておきながら、仲良くなんてなれません。自分の頭の中で「奥さんにしてもらったこと」、「感謝したいこと」を数え上げてください。そうすれば、いま以上に好感が持てるようになります。

上司・部下の関係もそうです。「私は、本当に部下とよいコミュニケーションをとりたい。しかし、あいつ、遅刻はする、業績は並以下、声は小さい、元気も覇気もない、いつも漫画ばかり読んでいる。でも、あいつともっとコミュニケーションをとりたいのにな」。これではコミュニケーションはとれません。部下にしてみれば、そんなふうに自分の悪いところばかり探す人が「コミュニケーションとろうよ」と来たら、いやだと思うはずです。

相手に感謝したい具体的なエピソードを探しながら相手と接していると、相手も「この人とは、よいコミュニケーションをとりたいな」と思ってくれるようになります。おそらく自分の思いがどこかで、言葉以外のボディランゲージ、声のトーンなどで伝わるのでしょう。だから五感を開くことが重要なのです。部下でも上司でも、お客さまでも同僚でも、その人とよいつき合いをしたいと思うのなら、相手に感謝したいところをできるだけ探すことが鍵です。

(4) 勝ちたい？　それともよい関係を持ちたい？

相手と自分、どっちの意見が正しいか、あるいは、どっちのやり方が優れているかという競争意識を持つのではなく、「どうしたらこの人と協力して、よりいっそうよい成果を上げられるか」を自分に問いかけるほうが、相手ともよい関係を築くことになりますし、仕事の成果も上がります。

また夫婦の間の会話を例にとります。

「あなた、いつもそうやって身勝手じゃないの！」
「おまえこそ身勝手だろう！」
「あなたじゃないの。先月も自分のゴルフばっかり優先して！」
「おまえこそ、子供にかこつけて……」

これは、どっちが勝ちでどっちが負けかといった、お互いに優劣を認めさせようとする会話なのです。しかも、相手を負かそうとする具体的なエピソードまで引っぱり出してきます。これではよいコミュニケーションがとれません。おそらく、どちらも自分の負けは認めません。

討論番組の『朝まで生テレビ！』がこれですね。この番組では、勝ち負けを重視しています。この番組が「なるほど、あなたはそう思うのですか、私はこう思うのです。では、どうしたら双方の共通点を見つけられるでしょう」となったら、おもしろくないですね。まるで、プロレスのような、言葉による知的な殴り合いを見られるのが売りです。

ビジネスで、何の意図もなく『朝まで生テレビ！』のまねはやめてほしいのです。ただ、ときには部下と本音で語り合いたいという目的があれば、意識的にやってください。最近は、「本音でつき合う」「理屈を超えて、仕事を超えて、本音で語る」という姿勢がなさすぎるのが、さまざまな問題を引き起こしているのでは？　と私は思っています。

(5)　三つの傾聴レベル

人が話を聞くときには、どんな場合でも例外なく①自己レベル②集中レベル③全体レベルの、三つのどれかで聞いています（図5－4）。そして、ほとんどの人が、自分の聞いているレベルがどれなのか、意識していません。

この三つのレベルは、どれがよいか悪いかではなくて、TPOに適した聞き方ができるかどうかがとても重要なのです。まず自分が普段、どの人とどの場面でどの聞き方をしているのかを、意識しはじめ、場面や相手によって、傾聴レベルを選択できるようになってください。

①自己レベル

図5-4　3つの傾聴レベル

1　**自己レベル**：自分の立場で聞く
　自分にとって、どういう意味があるか？
2　**集中レベル**：相手の立場で聴く
　相手にとって、どういう意味があるか？
3　**全体レベル**：俯瞰で臨む
　みんなにとって、どういう意味があるか？

自己レベルとは、自分にとってどういう意味があるか、といった自分の立場からの視点での聞き方です。聞き手は、話し手ではなく、自分自身に意識が向いています。一見話のキャッチボールができているようで、実は自分の興味や関心、自分の体験に話題を持っていきがちです。たとえ相手のために聞いているようでも、結果的には自分の判断・評価・分析・意見を話している状態です。

たとえば、女子大生が二人歩いています。一人がもう一人に向かって、

「ちょっと聞いてよ。私昨日、彼からこんなひどいことといわれたのよ」と話しました。

するともう一人の彼女は、

「そうそう、私も彼氏にこんなひどいことをいわれて」と答えます。

この場合、話題は一致しているようですが、実は相手の話に耳を傾けるのではなく、自分の彼氏の話を進めています。

たとえば社内で、相当落ち込んでいる同僚がいたとします。その同僚

が「いやあ、昨日は納期に間に合わなくて、部長にさあ、むちゃくちゃ怒鳴られたんだ」といったのに対して、「そんなの気にすんなよ、酒でも飲んで、カラオケでもパーッと歌えば」「平気平気、あんな部長なんて気にすることないよ」というのは、もちろんこの同僚を励ましたい善意はありますが、相手の立場ではなく、自分だったらどうする、自分だったら気にしないという「自分の視点」になっています。これが自己レベルの聞き方です。

②集中レベル

集中レベルとは、相手にとってどういう意味があるのか、相手の立場に立った聴き方です。一〇〇%相手の立場に立つばかりでなく、その人の感情や気持ちまで、自分のことのように味わっている状態です。ここではとくに解決しようといった意図はなく、没頭して話を聴くことで、相手と一体感を感じている状態です。先ほどの職場の例でいうと、

「納期が守れなくて、部長にむちゃくちゃ怒鳴られたんだよ」

といわれたのに対し、

「そうか、部長にそんなに怒鳴られたんだ。それは辛いねえ。本当にきついね」

というふうに、まるで相手になったかのように聴いている状態です。この聴き方をされると、話し手は自分の話を受けとってもらえた感じがします。だからといって必ずしも問題が解決す

るわけではありません。辛い話なら一緒になって苦しんでいる、うれしい話なら一緒に喜んでいる、そういう状態なのです。

「自己レベル」と「集中レベル」では、それぞれに適した状況があります。飲み会や宴会、パーティでは自己レベルがよいかもしれません。誰もが深く考えもせずいいたいことを話していますから、そういう場で「なるほど、○○さんはそうお感じになるのですね」と集中レベルで落ち着いていわれると白けてしまう場合もあります。みんなで楽しくワイワイいっているときは、自己レベルのほうが盛り上がったりします。

また、軽い悩みや愚痴を聞くときも自己レベルがよいことがあります。「最近、腹が出てきたんだよ。ビールの飲みすぎかもしれないけど」と話す人に、「そうか、腹が出てきたか。うーん、つらいねえ」と集中レベルで聴かれると、話し手はだんだん落ち込んできます。そういうとき自己レベルなら、「腹が出てきた？　俺なんかとっくの昔から出ているよ」「そうか」ですみます。

ところが重い話、たとえば「先週伯父が、亡くなったんだよ」に対して「そんなの気にしなくていいよ、酒でも飲んだら」と自己レベルで接したら、喧嘩になってしまいます。こういう場合は「そうか、伯父さん、亡くなったのか。さびしいな」というように、深刻な話は集中レベルで聴くほうがよいです。

③全体レベル

全体レベルとは、全体を俯瞰する聞き方、つまり話し手や聞き手本人だけでなく、話し手に関係する人たちにも意識が向いている状態です。たとえば先ほどからの例でいうと、「納期が守れなくて、部長にむちゃくちゃ怒鳴られたんだよ」と話しかけられたら、「そうか、部長に怒鳴られたんだ」といったんニュートラルに受け取って、「ところでさ、納期が守られなかった部長はどんな気持ちだろうね」と、意識を話し手ばかりでなく話題の関係者にまで広げます。怒鳴られて落ち込んでいる相手の立場も十分に理解しながら、怒鳴った上司の立場にも思いをはせることで、話し手自身も、怒鳴った部長の気持ちに気づくようになるかもしれません。「そうか、すごく怒られて僕ばっかり辛いと思っていたけれど、部長は部長で立場をなくしちゃったのかもしれないな」「次からは納期を守ろう」と、気を取り直すかもしれません。

たとえばこの例を自己レベルで「そんなの当たり前だろ。部長の立場を考えてみろよ。納期に間に合わなかったら、部長も大変なんだよ」といわれると、話し手は「わかってくれないいなあ」と満足しません。全体レベルと自己レベルは、たとえ同じ解決に向かうとしても、意識の広がりが違うのです。自己レベルでは、話し手への共感はなく自分の意見を押しつけますが、全体レベルでは話し手や部長の立場にまで意識を広げて聞いているので、話し手が全体の状況に気づくようになるのです。

問題解決に向けて建設的に話し合いたいとき、お互いの意見を出し合いながらよりよい解決策を見つけ出そうとしているときには、全体レベルの傾聴が適しています。

④聞き方の男性傾向と女性傾向

この三つの傾聴レベルに関して、私の経験上、男性は自己レベルと全体レベルを好むようです。どちらも結果重視の解決型なのです。集中レベルはまさにプロセス重視の傾聴型です。これは、女性に好まれるようです。

「ただいま」と帰ってきたとたん、妻が、

「ちょっとあなた聞いてよ、隣の山田さんが生ゴミを出す日じゃないのに出しているのよ」

とまくし立てます。夫は、

「わかった、じゃあ山田さんに生ゴミ出さないよう、僕が交渉して解決してきてやる」

「そうじゃなくて、山田さんの柿の木がウチの庭に……」

「わかった、じゃあ柿の木がウチの庭に侵入しないよう、僕が何とかする」

「そうじゃなくて、三輪車がウチの玄関先に乗り捨ててあって……」

「わかった、じゃあ俺が解決…」

「そうじゃなくて……」

「じゃあ、いったいお前はどうしたいんだ」

この夫の愛情表現は、妻の不満を解決することにあります。妻が自分に話してくるのは、自分に解決してもらいのだなと思い込んでいますから、それを解決すれば喜ぶと思っています。ところが、妻はというと、解決してもらうより、ただ話を聞いて共感してもらいたいのです。だから、山田さんが生ゴミを捨てなくなった、柿の木が進入しなくなった、三輪車が放置されなくなった、と問題を解決するための提案よりも、「そうか。大変だったね〜。そんないやな思いをしてたんだ」とわかって共感してくれることのほうが、妻にはうれしいのです。

⑤賛成せずにしっかり聞く

職場の若手女子従業員が、「ちょっと課長聞いてくださいよ。隣の課の課長がね」と不満をぶつけてきたときにはどうしますか。話題に上った課長がいい人だと知っていたら、

「まあまあ、君はそういうけどさ、実は彼はああ見えても本当は思いやりもあって、君が思っているほど悪いヤツじゃない…」

というでしょう。すると、こんな反論がくるかもしれません。

「いや、思いやりがあるとは思いません。私はこんなふうにいわれたんですよ！」

と、つまりはその課長を擁護するような説得はアウトになります。この場合はむしろ、ことの真偽よりもまず女子従業員の話に耳を傾け、共感して聞いてあげることが大切です。本心ではその課長のことをひどいとは思っていなくても、「そうか、君は、あの課長にそんなふうにいわれたんだ。なるほどね、それは辛いよね」というふうに、まず受け止めることです。その人の立場に立って聞いてあげると、「ありがとうございました。すっきりしました」と納得します。別に、賛成する必要はありません。「なるほど、君はそう受け取ったんだ」と受けていれば、自分は一応部外者の立場でいられるし、否定もしていない状態がとれます。そうしておけば、この彼女は聞いてもらって気持ちがすっきりするはずです。一言「僕もそう思うよ」といおうものなら「うちの課長もそういっていましたから」となり、違った問題が発生しかねないので、賛成できないことには賛成せず、しかも相手に共感するのです。

したがって、男性は、女性の部下や女性のお客さまと相対するときは、プロセスに意識を向け、逆に、女性が男性の話を聞くときは、結論や、解決の方向を先に提示するとよいかもしれません。

3　良好なコミュニケーションのための「言葉遣い」

人と良好なコミュニケーションをとるための姿勢があっても、「言い方」を間違えると台無しになる場合があります。相手を傷つけない、しかもこちらの意図をしっかり伝える効果的な言い方とは？（図5－5）

(1)　相手に要求を伝える四つのパターン

言葉には、マンドとタクト（COFFEE BREAK参照）という二種類があります。マンドとは、人に自分の要求を伝える言葉、タクトとは、ものに名前をつけて説明する言葉です。「今日は寒いですね」などはタクトであり、ただ出来事の説明に過ぎないので、トラブルになることはありません。ところが、「お金を貸してください」などのマンドは、相手が必ずしも自分の要求を受け入れてくれるとはかぎらないので、トラブルのもとにもなります。とくにこのマンドでは、相手を傷つけないで要求を伝える言い方の工夫が必要とされます。マンドには、要求を相手に伝える言い方と伝えない言い方、そして相手を傷つける言い方と傷つけない言い方

図5-5　良好なコミュニケーションの「言葉」

1　アサーティブ（主張的）な言い方 (1)冷静に(2)わかりやすく(3)はっきりと
2　あなたメッセージよりわたしメッセージ 課題の分離……相手の課題と自分の課題を分ける
3　事実と意見の区別 事実言葉（客観的事実として言う）ではなく 意見言葉（主観的意見として言う）を使う
4　相手の考えや気持ちを言い当てない、読み取らない 解釈／批判／同情／支配などをしない
5　批判しないで反対意見を言う 「間違い」ではなく「違い」として主観を言う
6　肯定的なところに気づき、自分の気持ちを言葉にする 自分の気持ちを相手に伝える

の、四つのパターンがあります。

四つのパターンとは、非主張的な「遠慮」の言い方、復讐的な「嫌味」な言い方、「攻撃的」な「責める」言い方、アサーティブ（主張的）は「納得」の言い方です。

①遠慮な言い方・嫌味な言い方・責める言い方

一般的に日本人は相手を傷つけることをおそれるあまりに、要求をきちんと伝えないケースが多いです。これが非主張的（遠慮）な言い方です。この言い方では、相手を傷つけないために、要求を伝えることがおろそかになってしまいます。昔なら「言わなくてわかるだろう」で通ったものが、いまは言わなければわからないのです。

それで、言わなければと思い立つのですが、やはり要求を伝えると相手が気分を害するかもしれないとの

図5-6　4つの頼み方

	相手を傷つけない	相手を傷つける
要求を伝えない	非主張的	復讐的
要求を伝える	アサーティブ（主観的）	攻撃的

非主張的……傷つけないようにするために、要求を言わない
復讐的………はっきりものを言わず、遠まわしになるうち、結果的に嫌味っぽく
攻撃的………傷つけても、はっきりものを言う
アサーティブ（主張的）…相手の立場に立ち、相手の話もちゃんと聞いてしかも要求を伝える

思いが強いため、はっきり要求を伝えずして、遠まわしにくどくど言っているうち、結果的に嫌味っぽい言い方になってしまいます。これが復讐的（嫌味）な言い方です。

それでも伝わらないと思ったら、次は、相手を傷つけてでも要求を伝えようとする攻撃的な言い方になってしまうのです。

非主張的な言い方の例として、納期を守らなかった部下に対して、

「ああ、ちょっと○○君。あのさ、えーと、まあいいや」

といった感じで、何を言いたいのかさっぱりわかりません。相手を傷つけたくないから、話を切り出しにくい。それでも言わなくてはいけない、という内面の葛藤が生じてしまっています。しかし、これでは言いたいことを全然伝えられません。

言いたいんだけれどうまく言えない、でも言わなきゃいけない。なんとか察してくれないかなあ……という思いで、こんどはどうなるかというと、遠まわしな嫌味っぽい言い方、つまり

復讐的な言い方になります。たとえば、納期を守らなかった部下に、

「○○君はさあ、お客さんとはたっぷり時間をとってるね」

「いや○○君は、アフターファイブが充実しているみたいだね」

「○○君、昼食の時間が結構長いよな」

部下は、何について言われているのかはっきりせず、その上いやな気分になります。

「そんな暇があったら、納期を守れ」と直接的には言わずに、上司は、察してくれよと思いながら、遠まわしにほのめかしているのですが、結果的には相手を傷つけることになります。相手を傷つけないようにしているのに、傷つけてしまい、結局、伝えたいことも伝わっていないというパターンです。

次は攻撃的な言い方です。

「○○君、何やっているんだ。もう納期はとっくに過ぎているのに、まだできていないじゃないか。ほかのことを後回しにして、すぐにやれよ」

つまり、要求ははっきり伝えていますが、同時に相手を責めて傷つけています。これが、攻撃的な言い方です。

②比較的効果の大きいアサーティブな言い方

4つめは、アサーティブ（主張的）な言い方、もしくは「納得」の言い方。これは、相手の立場に立って話をしっかり聞き、要求もきちんと伝える言い方です。

アサーティブな言い方は「いや○○君、最近いい仕事をしているね、例の案件もうまく行っているよ。いい仕事をするには時間もかかると思うけれど、できれば月曜日の納期の方を先に仕上げてもらいたいんだけどな」と、まず相手の立場に立って受け入れ、冷静にわかりやすくはっきりと伝えたいことはきちんと伝えます。

③本気でつき合う上司が待望される

近年、企業研修をしていて、いまは本気でつき合う上司が少なくなっていることに気づきまし

COFFEE BREAK

――マンドとタクト――要求する言葉、説明する言葉――

世の中のすべての言葉は、マンドとタクトに分かれます。マンドとは、自分と他者との要求を調整する言葉。タクトはものに名前をつけて説明する言葉です。

一見タクトのようだけど、実はマンドということがあります。ある大手ガソリンスタンドの研修をしたときに聞いた話です。地区担当のあるスーパーバイザーが各スタンドを回りながら、所長に「今日は天気がいいよねえ、雨なんて当分降りそうにないよね」と言うそうです。一見タクトのような発言ですが、実はそこには「天気がいいからもっと洗車機を回せ！　これじゃ足りない！」というマンドの意図が含まれているのです。この場合はその業界だけに通じるマンドなのですね。

た。

なぜなら最近は、本気で、たとえば何か強い口調で言うと若い人にいやがられてしまうと思って、当たりさわりのない関係になってしまっているようです。また、両親から「しっかり叱られた」「本気でかかわられた」ことの少ない世代が上司になってきているため、人を叱るのが苦手なのです。

しかし、こうなると部下としては、本気で自分とつき合ってもらえた気がしないのです。上司は上司で、「僕はいつも部下のいいところを褒めているのに、なんか手応えがないんですよ」とこぼしているのを耳にします。こちらから心を開かずに、スキルとしてどんなことをしてもコミュニケーションは開かないのです。ときと場合によっては、本心から相手のことを思って「だめじゃないか」と強く言うことも必要なのです。相手のせいにせず、責めるのも褒めるのも、「本気で」と決心し、全身全霊でぶつかることを恐れてはならないのです。

ぜひ、部下と本気でつき合ってみてください。また、ご自身の子供に対しても同じです。

④アサーティブな頼み方の三つのパターン

アサーティブな頼み方は、相手の立場や気持ちを理解しつつ、冷静にわかりやすくはっきりと頼む方法です。ここでは三つのパターンをご紹介します（図5－7）。

図5-7　主張的な頼み方の3パターン

(ⅰ)相手の話に耳を傾けてから頼む 「調子はどう？」「～なるほどね……。ところでさぁ……」 **(ⅱ)相手の気持ちを言った後に頼む** 「そう言えば、昨日は夜遅くまで大変だったらしいね……。ところでさぁ……」 **(ⅲ)相手の長所を言ってから頼む** 「～が、～になっていたのでよかったよ。ところでさぁ……」 (具体的に)

どのパターンも、大切なのは、冷静でわかりやすく、はっきり頼む姿勢をとることにあります。

そのものずばりを言うと相手を傷つけてしまう、と思い込まないでください。感情的にならず、冷静にわかりやすく、はっきりいえば、相手にもニュートラルに伝わるという、これがキーポイントなのです。断るときも同じです。

(ⅰ)相手の話に耳を傾けてから頼む

一つ目は、まず相手の話に耳を傾けてから頼むパターンです。「○○君、最近調子はどう？」「なるほど、そうなんだ」と、一度相手の話を受け止めます。そうすると、相手も自分の状態を聞いてもらうことで、立場や気持ちがわかってもらえた気がします。その後に「ところでさあ、あの○○さんの件だけど、月曜日の納期までに納めるようにしてもらえるかな」と言うと、「はい、わかりました」となる可能性が増すというものです。

(ⅱ)相手の気持ちを言った後に頼む

二つ目は、相手の気持ちを言ったあとに頼むパターンです。パターン(i)と似ていますが、「相手の状況を聞いた後」と「相手の状況を言った後」が大きな相違点です。

「○○君、昨日は徹夜だったんだって。大変だったね、本当ご苦労さん」とねぎらったあとで「ところでさ、徹夜明けで大変だとは思うけれど、○○さんの件、月曜日の納期に間に合うようにやっといてくれるかな」

こう言われると、相手は「自分の立場、状況もわかってくれているみたいだから、一つがんばろうか」と、受け入れやすくなります。相手の状況は、自分で見てわかっている状況でも、人から聞いた話でもいいのですが、わかってあげているに越したことはありません。

「○○君、お母さんが入院されて大変だったそうだね。長引きそうか。そう、それは心配だね。君も大変な状況だと思うけれどさ、例の件、どうしても月曜日までに納めなきゃならないんだ。なんとか、頼めるかい」これも、同じパターンです。

徹夜して眠いとか、お母さんが病気だとか、失恋して落ち込んでいるなど、仕事仲間でもみんなそれぞれの事情を背負って仕事をしています。そんな個人の事情をわかってくれた、理解してくれていると思えば、相手のために一肌脱ごうという気にもなるものです。

ⅲ相手の長所を言ってから頼む

三つ目は、相手の長所を言ってから頼むパターンです。相手の長所については、できるだけ具体的に言ってほしいのです。「○○君、最近がんばってるね」ではだめなのです。この人は、とりあえず「がんばってるね」と言っておけば、何でもやらせられると思っているんだ、と思われてしまいます。したがって、ここでもテクニックよりも姿勢が大事です。

「そういえば、昨日見せてもらった企画書の○○の箇所は、とくに△△がよかったよ」それで「ところで期限なんだけど、いいものを書くのは大変だと思うけれど、月曜日までに何とかなるようにしてもらえるかい」と、具体的に褒めた後にしっかり要求することが大切です。

本当にその部下とつき合おうと思ったら、毎日の生活の中で「あっ、ここはちゃんとできてるな」という部分を把握していてほしいのです。ちょっとしたことでよいので、それを記憶にとどめておいて「そういえば一昨日、会議の後、コップを片付けてくれてありがとう。助かったよ」と言えば、この上司はちゃんと自分のことを見ててくれる、認めてくれていると感じて、この部下とは、よいコミュニケーションができるようになるはずです。

(2) あなたメッセージよりわたしメッセージ

「あなたメッセージ」とは、「あなた」を主語とするメッセージの伝え方です。といっても、日本語は多くの場合、主語が省略されますから、「あなた」のない文章となりますが、本来「あなた」が主語となる言い方だと理解してください。

一方、「わたしメッセージ」は、「わたし」が主語に来る伝え方のことです。こちらも主語が省略されている場合が多いので、やはり本来は、「わたし」が主語となる言い方だと理解してください。

主語が抜けている言い方でも、その抜けている主語が「あなた」なのか「わたし」なのかによって、相手への伝わり方がまったく違ってきます。

①わたしメッセージは依頼のメッセージ

たとえば、宿泊研修に来て、愛煙家のパートナーと自分が一緒の部屋になったとします。自分はタバコが好きではないとしましょう。愛煙家のパートナーは部屋に着くなり、さっそく一服しました。その際に、部屋でタバコを吸わないでほしいと思っている私が、

「○○さん。タバコは（あなたの）体によくないよ。（あなたは）やめたほうがいいよ。心臓にも悪いし、癌になる確率も上がるらしいよ。（あなたは）いますぐやめたほうがいいよ」

と言ったとしたら、相手はどんな気持ちになるでしょう。おそらく「（そんなこと百も承知だよ）ほっといてくれよ」と思って気分を害するでしょう。これが「あなたメッセージ」です。

こんどは、こういう言い方をしたらどうでしょう。

「○○さん。実は私ね、タバコの煙が苦手なんですよ。できれば外で吸ってもらえると（私は）ありがたいのですが」

つまり、話し手自身の問題として、お願いされるように言われた場合です。あなたのためを思って言っていると恩着せがましく言われると、反発したくもなりますが、話し手自身、すなわち私が苦手なんだと言われては、反論のしようもないのです。

しかしこれも、私は苦手だということを言ってしまうと相手を傷つけるのではないかと気遣って、遠まわしにほのめかそうとすると、意図がうまく伝わらずに聞き手をイライラさせるだけです。「私は苦手だからここでは吸わないでほしい」ということを、冷静にわかりやすくはっきりと伝えることが重要です。落ち着いて、感情的にならずに冷静にです。

「○○さん、私、タバコ苦手なんです。外で吸ってもらえると（私は）うれしい」こう言えば冷静だし、伝えたいことも、わかりやすくはっきりしています。伝えたい結論は「たばこをやめてください」ということなのですが、言い方一つで受け取られ方がまったく違います。どんなに相手とよい関係を築きたいという態度を持っていても、言い方がまずいとうまく伝わりません。

母親が子供に、

「こんな寒い部屋にいたら体に毒ですよ。エアコンの温度上げなさい」

と話すとします。とくに反抗期の子供は「あなた、寒いでしょ」と言われると「いや僕は寒くないよ」と言いたくなります。さらに「あなたのためを思って言っているのよ」とほのめかされると、余計にカチンと来ます。これがあなたメッセージです。

その代わり「〇〇くん。お母さん、ちょっと寒いわ」と言われたら「いや、お母さん、寒くないでしょ」とは言えません。これが、「わたしメッセージ」です。

②わたしメッセージの手順

「わたしメッセージ」とするには、出来事、気持ち、理由の三つをいうことがコツです（図5－8）。出来事というのは「誰々が何々をすると」とか「何々のとき」のような条件を指します。そして、条件のあとに私の気持ちを続けます。私はこう感じる、私はこんな気持ちでいる、という自分の気持ちです。自分の気持ちを表明したあとに、なぜそう思うのかという理由

図5-8　わたしメッセージ

わたしメッセージの3ステップ
1　出来事について話す 「〜のとき」「〜すると」
2　自分の気持ちを伝える 「私は〜を感じる」「私は〜な気分になる」
3　どうしてそう感じたかを説明する 「なぜなら〜」「〜だから」

づけをします。

「○○君が納期を守ってくれると、私は非常に助かる。なぜなら、お客さまの信頼も高まるしね」あるいは、「私はタバコが苦手なんです。煙を吸うと、ちょっと辛くて…。できれば外で吸ってもらえませんか」という言い方です。

この場合、あなたがこれをやってくれないと私が困るという言い方は避けるべきでしょう。責める言葉になりますから。やはり、「してくれるとうれしい」とか「〜だと助かる」といった肯定的な感情を中心にしたほうが、相手も納得しやすくなります。

(3)　事実言葉と意見言葉

事実言葉とは、物事を客観的事実として言うことであり、これに対して意見言葉は主観的意見として言うことです。「わたしメッセージ、あなたメッセージ」に少し似ています。主観的意見として発した時点で、自動的に「わたしメッセージ」となるからなのです。たとえば、部下がお客さんと会うのに顧客リストを忘れていったとします。そして「あーっ、リストをもっていくのを忘れました」と戻ってきます。そのときに上司から、

「〇〇君さあ、お客さんに会うときは、顧客リストを持っていくの当たり前だろう」

と言われたとします。実際、常識的には当然かもしれません。しかし、それを絶対的な事実のように言われると、反発を覚えてしまうものです。

「エアコンの温度上げないと、みんな寒いと思いますよ」

実はこれは一般化、省略、歪曲の一つなのです。「みんな」「いつも」「誰でも」……。

「みんな寒がっていますよ」と言われると、「みんな」とは、ここにいる全員がそうなのかと言いたくなります。事実は、一人くらい暑いと感じている人がいるかもしれません。

「みんな寒いですよ」「みんなって誰だよ、教えてくれよ」こうなるともう、勝ち負けになるのです。問題は、相手に勝つことではなくて温度を上げてもらうことです。

このように、みんなとか、誰でもとか、どんなお客さまでもというように、客観的な事実のような言い方をされると、人は、素直に話し手の言うことを聞く気になれないのです。ところが、「〇〇君さあ、僕の経験だと、顧客リスト持って、お客さんに会ったほうが能率いいと思うんだけれど、君はどう思う？」と言ったらどうでしょう。どちらも趣旨は「リスト持ってい

け」ということなのですが、「僕はこう思うんだよ」というように、主観的意見としたほうが、聞き手の抵抗を受けずにすむのです。

「主観的意見」や「わたしメッセージ」で私はこう思うと言われれば、「いや、そんなことはない」とは言いにくくなります。

もちろん、ここでもやはり大事なことは、感情的にならないことです。冷静にわかりやすく、はっきり伝えないと、どんなに「わたし」を使っても効果はありません。

(4) 相手の考えや気持ちを言い当てない

解釈や批判、同情や支配もよいコミュニケーションを築けるとは言えません。

「こう考えているんじゃないの」——解釈

「それを間違えるなんて（君はだめ）！」——批判

「売上げ伸びなかったね。かわいそうに。がんばったのにね」——同情

「このやり方じゃなきゃだめ！」「俺のいうとおりやれ！」——支配

これらはすべて縦の関係の押しつけなのです。コミュニケーションに縦の関係を持ち込むと、よいコミュニケーションにはなりません。コミュニケーションの基本は、人を、能力、立

場、力関係にかかわらず、一人の人間として認め尊敬することから始まります。いわば横の関係。「解釈」はあくまでも縦の関係で、上から見下ろし、相手の考えをいい当てようとすることです。たとえ善意であったとしても、詮索されているようないやな感じがします。「同情」も同じく縦の関係です。たとえ愛情いっぱいに情けをかけたとしても、相手を一人の人間、できる人間とは認めていないことが前提になっているからです。それに対して横の関係とは相手の立場に立つこと。自分がその相手だったらどんな気持ちがするか、自分のことのように理解することであり、共感がまさに横の関係なのです。

(5)　ただ違う意見として伝える

少なからず、「相手と違う」と「相手を責める」を平行して行ってしまう人がいます。違う意見を言いながら、それが即批判となって相手を責めていることが多いようです。だから、相手を責めないで違う意見が言えることが重要です。人は感情的になると、負けまいとして、相手を傷つけたり、説き伏せようとするような行動に出ます。

「あなたは間違っている」「その考えは正しくない」「そんなことはありえない」など、感情的になって相手を責めるのは批判になります。

相手と違った意見を自分が発言する場合は、冷静に相手の言葉を受け止めてから、並列に自分の意見を並べるように述べることがコツになります。この場合、相手の意見と自分の意見の間は、「しかし」や「でも」などの逆説の接続詞の代わりに「そして」や「しかも」、「その上」を使うことをお勧めします。

たとえば、「なるほど、君ははそう考えるわけか」と受けて、「そして、僕はこういう理由からこう思うのだが」とすれば、批判せずに違う意見を相手に伝えることができます。

接続詞の「そして」。英語のBUTは、その前を全部否定する語です。「わかった、でもね」と言われたら、これはもう対決になります。わかったと言いながら前言は全否定されるわけですから。そこを「なるほどそう考えるんだ。そして」とすれば、相手の意見を受けて、しかも自分と違う意見でも相手は受け入れやすくなります。

「なるほど、あなたはそう考えるのですか。私はね、ちょっと違う見方があるのです。どんなのかというとね」と受け応えれば、あなたとは違う視点を持っているということになります。これは否定できません。「あなたの視点がありますね。あなたの視点があると同じように、私にも視点があるのですよ」と言われて「いや、あなたの視点はない」とは言えないのです。

(6) 肯定的な気持ちを言葉にする

「良好なコミュニケーションのための姿勢や態度」で、相手のよいところや感謝したいところをできるだけ見つけましょうと述べました。しかし、見つけようという姿勢や態度だけでは不十分かもしれません。やはり口に出して、言葉にして伝えてほしいのです。日本人は伝統的に、素直な感情表現が苦手ですが、心から「ありがとう」や「うれしい」と感じることを言われていやな気持ちになる人はいません。

とくに夫婦の間では、一緒に暮らしていても、「ありがとう」や「うれしい」を言葉に出すことが少ない人がいます。そんな中で、夫があるとき意を決して、初めて「いつも支えてくれて、本当にありがとう。君がいてくれるから、がんばれるんだよ。これからもよろしく」と言ったとしたら、少なくとも不愉快になる妻はいないでしょう。もしかしたら、「いつもと違う」といぶかしがる妻もいるかもしれませんが、これも回数を重ねてくると、言われた妻もだんだん和やかな心になって、二人の間に深いコミュニケーションが生まれるのです。

昔は、男と女、夫と妻、上司と部下と、それぞれの役割がはっきりと決まっていて、日本人の夫婦というのは、何も言わなくても態度で示せばそれで十分とされていました。しかしいまは世の中が多様化してきて、人それぞれライフスタイルも違うので、やはりそのときどきに言葉で伝えていくことが大切です。言葉で伝えるのが恥ずかしければ、最初は手紙やメールでもかまいません。それをずっと続けていけば、次第に抵抗もなく言えるようになります。そしてそこが、よいコミュニケーションの入り口になるでしょう。

人によっては、メールに抵抗を覚える人もいると思います。また、手紙を書くのがどうも苦手で、という人もいるでしょう。そんなときは、先に述べた視覚、聴覚、体感の各傾向に合った方法を選んで実践してみてはいかがでしょうか。

みなさんがそれぞれのやり方を知って、それを大切にしてほしいのです。

[VI]

コミュニケーションで人生を豊かに

1　違うからこそ出会う意味がある

本書のテーマは、相手を視覚・聴覚・体感でタイプ分けすることでもありませんし、「コミュニケーションは相手に合わせましょう」ということでもありません。もっともお伝えしたかったことは、コミュニケーションのさまざまな切り口を通して、人は一人ひとりみんな違うということ、そして、違うことがコミュニケーションの意義であり醍醐味でもあるということです。

同じ出来事を体験しても、人によって見るもの・聞くもの・感じるものは違います。また、物事のとらえ方や考え方、大事にしている価値観や目指す目標も、すべて異なります。

実は、この「人は一人ひとり違う」という前提に立つことで、誤解やトラブルを回避できるだけでなく、そこから生まれる利点もたくさんあります。一つ目は、「わかっているはず」とか「こう思うはず」という「はず」をはずすことで、固定観念を持たずにまっさらな気持ちで相手を理解しようとします。二つ目は、人と違うからといって自分を否定する必要もないし、自分と違う価値観を持つ他人も否定する必要もない。つまり、自分と相手の価値観や思いをどちらも大事にできます。三つめは、一人ひとり違うからこそ世の中がうまくいくということ。人はそれぞれ、できること、得意なこと、やりたいこと、欲しいものが違います。だからこそ、自分のできないことをできる人に協力してもらったり、自分の得意なことで誰かの役に立ったりします。家庭も企業も国も世界も、「違う人」が寄り添い集まるからこそ成り立っているのです。四つ目は、人とつながる喜びが増えます。なぜなら、同じ思いを持っていて当たり前という前提でいると、何かずれが起きたときに落胆します。しかし、体験も感じ方もまったく違うという前提に立つと、違っていて当たり前、もしほんの少しでもわかりあえたり共感しあえたりしたときには、喜びが生まれ、相手とのつながりを感じることができるのではないでしょうか。

自分とは「違う」人に出会いコミュニケーションすることによって、新たな視点や価値観を知り、世界が広がる。「違う」からこそもたらされるものは大きいのです。

2　コミュニケーションの「自分らしさ」

コミュニケーションには、「常にこれが正解」というものはありません。なぜなら、①世の中も人も多様化していて、②人との関係性は場面の変化や時間の経過によって変わり、③しかも一人一人はまったく違う存在だからです。だからこそ、「正しいコミュニケーション」ではなく、「自分らしいコミュニケーション」、コミュニケーションにおける「自分軸」を持っていてほしいのです。それは、コミュニケーションにおいて何が大切で、何を、どんなふうに伝えたいか。そして相手から何を、どんなふうに受け取りたいか、ということです。自分軸を見つけるヒントは、自分のコミュニケーションの好みを確認していく中で見えてきます。

たとえば、コミュニケーションのとり方一つにしても、電話が好きな人嫌いな人、メールが好きな人嫌いな人、一対一で話すのが好きな人、大勢が好きな人、マジで語り合いたい人、ワイワイ楽しみたい人。どんな人と、どのくらいの心理的な距離がちょうどよくて、どのようにコミュニケーションしたいかは、それぞれ違います。

そして、上記のような、コミュニケーションのとり方ももちろん大切ですが、それ以上にコミュニケーションによって何を伝えたいか、受け取りたいかに、その人らしさがより表れます。

たとえば、コミュニケーションで大切にしていること（自分らしさ）が「人とのつながり」だとしたら、職場の仲間やお客さん、家族や友人、未来に出会う人たちに、どんなコミュニケーションをしていくでしょうか？　より多くの共通点を見出そうとしてみたり、共感できる体験を求めるかも知れません。また、「自己成長」が大事だとしたら、どんな人とどんなふうに成長しあえる関係を築いていくでしょう？　また「貢献」が大事だとしたら、日々の生活の中で、誰にどんなふうに役に立つ関係を築きますか？　コミュニケーションの目的は、自分らしさによって変わります。

ここでも大切なのは、「自分はこうだ」というパターンにはめ込むことではなく、自分の価値観を知り、その上で、場面、状況、相手を五感で感じながらコミュニケーションがとれるようになることです。

3　相手の「自分らしさ」

自分にも「自分らしさ」があるように、人にも「その人らしさ」があります。自分がこの人とこんなコミュニケーションをとりたいと思っていても、その相手もそうとはかぎりません。だからこそ、相手の「自分らしさ」に関心を持ち、それを引き出すことができれば、互いにとってより快適なコミュニケーションができるのではないでしょうか。

相手から「引き出す」ためには、「『違う』から知りたい」という好奇心があればOKです。「あなたのことをもっと知りたい」という好奇心は、それだけですでに「あなたとコミュニケーションがしたい」という思いの表れだからです。そして、その人にどんな思いがあり、何を大事にしていて、何を目指しているのか、「相手の関心」に関心を持つことで、よりよい関係が築けます。

4　互いの「自分らしさ」を大切に

自分と相手、それぞれの「自分らしさ」を知るのは、どちらかに合わせるためではなく、それぞれの「らしさ」を大切にするのが目的です。

ちょっと想像してみてください。自分の自分らしいコミュニケーションを知るばかりでなく、他の人がそれを大事にしてくれたとしたら、どんな気持ちがするでしょうか。もしかしたら、あなたの存在そのものが認められたような、安心感や信頼感が湧いてくるかもしれません。

人は、自分自身が認められたと実感したとき、自尊心が高まります。別のいい方をすると、セルフイメージが上がるということ。自尊心が高まると、人は自分のことを肯定的に受け入れることができ、自分の能力や可能性を信じられるようになります。その結果、仕事やプライベートで、いままで以上に建設的な成果を上げることにもつながります。そして、自尊心が高くなるからこそ、自分をもっと成長させ、もっと他人に貢献したい、という意欲も湧いてきます。自分らしさを認めあうことは、人の可能性を広げることになるのです。

もし、本書に共感していただけるなら、読者のみなさんがまず、自分の周りの誰かの「自分らしさ」を大切にすることから始めてほしいのです。会社の部下や同僚、もしくは上司やお客さん、もちろん家族や恋人や友人など、身近な誰か一人からでかまいません。その人らしさを引き出し、理解し、大切にしてあげてみてはどうでしょうか。

5　「どんなあなた」が伝えるのか

Ⅴ章で、「相手のよいところを伝える」「相手への感謝を伝える」と述べました。もちろん、「何を伝えるか」はコミュニケーションにおいて重要な要素です。ですが、その前には「どんなあなた」がコミュニケーションをとっているかがより重要です。なぜなら、コミュニケーションでは言葉の内容以上に、ボディランゲージや口調に含まれるメッセージ、つまり姿勢や態度でその人となりがおのずと表れるからです。

世の中には、本書でご紹介したような伝え方とはほど遠いけれど、強い絆を築ける人たちもいます。たとえば強引な上司、見るからに独裁的な教師、ガミガミ怒っている親にもかかわらず……。それでも彼らを慕い、とことんついていく部下や生徒や子供がいるのはなぜでしょう。

私の知り合いで、暴走族の総長として数十人の若者を率いていたヤツがいました。

暴言・暴力は当たり前、片っ端から命令し、反論なんてもってのほか、使いっパシリとしてとことんこき使う、「コミュニケーションの『コ』の字もない」総長。しかし彼は、メンバーの誰かが学校の教師と対立したり、親との関係がうまくいかないと、誰よりも親身になって話を聞き、ときには真剣に叱り、いざというときは体を張ってかばう……。そういうヤツでした。

だから、褒められることもなく、どんなに怒鳴られ命令されても、若者たちは彼を慕い続けたのです。若者たちにとって、この総長だけが、唯一「本気で向き合ってくれる人」だったからです。

人を思う姿勢や態度は、伝え方のスキルを越えて、その人の存在からにじみ出てくるものなのではないでしょうか。

6　再び、ここで気づくこと

ここまで本書を読み終え、いまコミュニケーションをとりたいと感じる人を誰か一人、思い浮かべてみてください。Ｉ章の「コミュニケーションへの気づきを深める一四の質問」で思い浮かべた人でもいいですし、いま、ふと浮かんだ人でもＯＫです。たとえば、①すでにコミュニケーションは良好で、もっとよくしたい人　②以前はよかったけど最近疎遠になっている人　③以前はよかったのにちょっとしたことで食い違いが起こり、絶縁した人　④いま一番コミュニケーションが問題だなぁと思う人　など、どんな人でも一人思い浮かべてください。

そして、いままで何があったかはちょっと脇に置いておいて、何の制約もなかったら、これから新たにコミュニケーションがとれるとしたら、どんな関係を築きたいですか？　何の前提も制約もない、ちょっとした近未来の場面を思い描いてみてください。その人と、どんな関係になれればいいでしょう？　そのために、いまここからできる「第一歩」は何でしょう？　相手の喜ぶことをする、何かサプライズをする、久しぶりに電話や手紙を書いてみる、明日一声挨拶してみる……。どんな小さなことでもいいです。コミュニケーションの新たな扉は、こんなところから開くのですから。

7 コミュニケーションで人生を豊かに

私の師匠のアンソニー・ロビンスは、「人生の質はコミュニケーションの質に等しい」といっています。

本書では、人とのコミュニケーションについて述べてきました。私たちは、人とかかわることなく生きていくことはできません。だから、人とのコミュニケーションは、良好で快適なほうがよりよく生きることにつながるのです。想像してみてください。いやだと思う上司との関係がずっと続き、直属の部下とは理解しあえない、お客さまには文句をいわれ、もっと親密になりたい家族とは心が離れている、そんな人生を……。たとえどれだけ仕事で成功したとしても、何か満たされない思いが残ることでしょう。もちろん、人との関係をよくすれば仕事なんかどうでもよいというわけではありません。しかし、人との関係は良好なほうが、さらに仕事の成功や人生の豊かさが期待できるのです。

そして実をいうと、コミュニケーションにはもう一つあります。それは、本書ではあえて取り上げなかったのですが、自分とのコミュニケーションです。人とよい関係を築くことができたとしても、自分自身のことを信じきれず、自己受容感が低かったり、自分の能力や可能性に対して自信や希望がもてなかったとしたら……。自分としっかり対話し、自分と良好なコミュニケーションをとることも、人生の質を上げるための大事な要素なのです。

自分らしいコミュニケーションを通して、いつでもどこでもどんなときでも必要な人とラポールを築き、協力しあい貢献しあう関係をつくること。そして自分との対話を通して、いつでもベストな自分を発揮できること。この先にはきっと豊かな人生が待っている、私はそう信じています。

日経文庫案内（1）

〈A〉 経済・金融

1 経済指標の読み方（上） 日本経済新聞社
2 経済指標の読み方（下） 日本経済新聞社
3 貿易の知識 小峰隆夫
5 外国為替の実務 東京リサーチインターナショナル
7 外国為替の知識 国際通貨研究所
8 金融用語辞典 深尾光洋
12 金融政策の話 黒田晁生
13 銀行取引の知識 吉原省三
14 手形・小切手の常識 井上俊雄
15 生命保険の知識 ニッセイ基礎研究所
17 クレジットの知識 植田蒼
18 リースの知識 宮内義彦
19 株価の見方 日本経済新聞社
21 株式用語辞典 日本経済新聞社
24 株式公開の知識 加藤・松野
26 EUの知識 藤井良広
30 不動産評価の知識 武田公夫
32 不動産用語辞典 日本不動産研究所
33 介護保険のしくみ 牛越博文
34 保険の知識 真屋尚生
35 クレジットカードの知識 水上宏明
36 環境経済入門 三橋規宏
38 デリバティブの知識 千保喜久夫
39 格付けの知識 日本格付投資情報センター
40 損害保険の知識 玉村勝彦
41 投資信託の知識 川原淳次
42 証券投資理論入門 大村・俊野
43 ネット証券取引 大崎貞和
44 証券化の知識 大橋和彦
45 入門・貿易実務 椿弘次
46 PFIの知識 野田由美子
47 デフレとインフレ 内田真人
48 わかりやすい企業年金 久保知行
49 通貨を読む 滝田洋一
50 テクニカル分析入門 田中勝博
51 日本の年金 藤本健太郎
52 石油を読む 藤和彦
53 株式市場を読み解く 前田昌孝
54 商品取引入門 日本経済新聞社
55 日本の銀行 笹島勝人
56 デイトレード入門 廣重勝彦

〈B〉 経営

9 経営計画の立て方 神谷・森田
11 設備投資計画の立て方 久保田政純
13 研究開発マネジメント入門 今野浩一郎
17 現代の生産管理 小川英次
18 ジャスト・イン・タイム生産の実際 平野裕之
23 コストダウンのためのIE入門 岩坪友義
25 在庫管理の実際 平野裕之
28 リース取引の実際 森住祐治
30 会社のつくり方 成毛眞
32 人事マン入門 桐村晋次
33 人事管理入門 今野浩一郎
34 能力主義人事の手引 竹内裕
36 賃金決定の手引 笹島芳雄
37 年俸制の実際 宮本眞成
38 人材育成の進め方 桐村晋次
41 目標管理の手引 金津健治
42 OJTの実際 寺澤弘忠
43 管理者のためのOJTの手引 寺澤弘忠
45 販売予測の知識 小林健吾
46 セールス・マネジメント入門 廣田達衛
47 コンサルティング・セールスの実際 山口弘明
48 新入社員のための営業マン入門 山口裕
49 セールス・トーク入門 笠巻勝利
50 リスク・マネジメント入門 高梨智弘
51 リサイクルの知識 萩原・指田
53 ISO9000の知識 中條武志
55 企業診断の実際 宮崎・柳田
56 キャッシュフロー経営入門 中沢・池田
57 NPO入門 山内直人
58 M&A入門 北地・北爪
61 サプライチェーン経営入門 藤野直明
62 セクシュアル・ハラスメント対策 山田・舟山
63 クレーム対応の実際 中森・竹内

日経文庫案内（2）

15 知的財産権の知識 寒河江孝允
17 PLの知識 三井・猪尾
18 就業規則の知識 外井浩志
19 Q&A PLの実際 三井・相澤
20 リスクマネジメントの法律知識 長谷川俊明
21 総務の法律知識 中島茂
22 環境法入門 畠山・大塚・北村
23 ネットビジネスの法律知識 牧野和夫
24 株主総会の進め方 中島茂
25 Q&A「社員の問題行動」対応の法律知識 山田秀雄
26 個人情報保護法の知識 岡村久道
27 倒産法入門 田頭章一
28 銀行の法律知識 階・渡邉
29 債権回収の進め方 池辺吉博
30 金融商品取引法入門 黒沼悦郎
31 会社法の仕組み 近藤光男

〈E〉流通・マーケティング

4 流通用語辞典 日本経済新聞社
5 物流の知識 宮下・中田
6 ロジスティクス入門 中田信哉
13 マーケティング戦略の実際 水口健次
16 ブランド戦略の実際 小川孔輔
17 マーケティング・リサーチ入門 近藤光雄
20 エリア・マーケティングの実際 米田清紀
22 店頭マーケティングの実際 大槻博
23 マーチャンダイジングの知識 田島義博
27 現代の外食産業 茂木信太郎
28 広告入門 梶山皓
29 広告の実際 志津野知文
30 広告用語辞典 日経広告研究所
32 マーケティングの知識 田村正紀
33 商品開発の実際 高谷和夫
34 セールス・プロモーションの実際 渡辺・守口
35 マーケティング活動の進め方 木村達也
36 売場づくりの知識 鈴木哲男
37 eブランド戦略 須藤実和
38 チェーンストアの知識 鈴木豊
39 コンビニエンスストアの知識 木下安司
40 CRMの実際 古林宏
41 マーケティング・リサーチの実際 近藤・小田
42 接客販売入門 北山節子
43 フランチャイズ・ビジネスの実際 内川昭比古
44 競合店対策の実際 鈴木哲男
45 インターネット・マーケティング入門 木村達也
46 マーケティング用語辞典 和田・日本マーケティング協会
47 ヒットを読む 品田英雄
48 小売店長の常識 木下・竹山

〈F〉経済学・経営学入門

1 経済学入門（上） 篠原三代平
2 経済学入門（下） 篠原三代平
3 ミクロ経済学入門 奥野正寛
7 財政学入門 入谷純
8 国際経済学入門 浦田秀次郎
9 金融 鈴木淑夫
10 マネーの経済学 日本経済新聞社
12 産業構造入門 小野五郎
13 産業連関分析入門 宮沢健一
14 計量経済学入門 宮川公男
15 経済思想 八木紀一郎
16 コーポレート・ファイナンス入門 砂川伸幸
20 現代統計学（上） 國友直人
21 現代統計学（下） 國友直人
22 経営管理 野中郁次郎
23 経営戦略 奥村昭博
24 OR入門 宮川公男
25 現代企業入門 土屋守章
27 国際経営 安室憲一
28 労働経済学入門 大竹文雄
29 ベンチャー企業 松田修一
30 経営組織 金井壽宏
31 ゲーム理論入門 武藤滋夫
32 国際金融入門 小川英治
33 経営学入門（上） 榊原清則
34 経営学入門（下） 榊原清則
35 金融工学 木島正明
36 経営史 安部悦生

37	経済史入門	川勝平太
38	はじめての経済学(上)	伊藤元重
39	はじめての経済学(下)	伊藤元重
40	組織デザイン	沼上幹
51	マーケティング	恩蔵直人
52	リーダーシップ入門	金井壽宏
53	経済数学入門	佐々木宏夫
54	経済学用語辞典	佐和隆光

〈G〉 情報・コンピュータ

4	POSシステムの知識	荒川圭基
7	電子マネー入門	岩村充
9	EDIの知識	流通システム開発センター
10	英文電子メールの書き方	ジェームス・ラロン
11	エレクトロニック・コマース入門	井上英也
12	営業革新システムの実際	角川淳

〈H〉 実用外国語

1	ビジネスマンの基礎英語	尾崎哲夫
2	経済英語入門	石塚雅彦
3	金融証券英語辞典	日本経済新聞社
5	ビジネス法律英語辞典	阿部・長谷川
6	商業英語の手ほどき	羽田三郎
11	英文契約書の書き方	山本孝夫
17	はじめてのビジネス英会話	セイン・森田
18	プレゼンテーションの英語表現	セイン／スプーン
19	ミーティングの英語表現	セイン／スプーン
21	英文契約書の読み方	山本孝夫

〈I〉 ビジネス・ノウハウ

1	企画の立て方	星野匡
2	会議の進め方	高橋誠
3	報告書の書き方	安田賀計
5	プレゼンテーションの進め方	山口弘明
7	「図解表現」入門	飯田英明
8	ビジネスマナー入門	梅島・土舘
9	発想法入門	星野匡
10	交渉力入門	佐久間賢
12	ディベート入門	北岡俊明
14	意思決定入門	中島一
16	ビジネスパーソンのための書き方入門	野村正樹
18	ビジネスパーソンのための話し方入門	野村正樹
19	モチベーション入門	田尾雅夫
21	レポート・小論文の書き方	江川純
22	問題解決手法の知識	高橋誠
23	アンケート調査の進め方	酒井隆
24	ビジネス数学入門	芳沢光雄
25	ネーミング発想法	横井惠子
26	調査・リサーチ活動の進め方	酒井隆
28	ロジカル・シンキング入門	茂木秀昭
29	ファシリテーション入門	堀公俊
30	システム・シンキング入門	西村行功
31	メンタリング入門	渡辺・平田
32	コーチング入門	本間・松瀬
33	キャリアデザイン入門[I]	大久保幸夫
34	キャリアデザイン入門[II]	大久保幸夫
35	セルフ・コーチング入門	本間・松瀬
36	五感で磨くコミュニケーション	平本相武

ベーシック版

1	マーケティング入門	相原修
2	金融入門	日本経済新聞社
3	財務諸表入門	佐々木秀一
4	簿記入門	桜井憲二
6	手形入門	秦光昭
7	不動産入門	日本不動産研究所
8	会社入門	日本経済新聞社
9	外国為替入門	日本経済新聞社
10	日本経済入門	岡部直明
11	世界経済入門	日本経済新聞社
12	株式入門	日本経済新聞社
14	生産入門	谷津進
15	貿易入門	久保広正
16	経営入門	高村寿一
17	会社法入門	宍戸善一
18	会計入門	木下徳明
20	アメリカ経済	みずほ総合研究所
23	エネルギー問題入門	田中紀夫

ビジュアル版

平本相武（ひらもと・あきお）
1965年神戸生まれ。東京大学大学院（専門は臨床心理）修士課程修了後、心理学講師、カウンセラー、セミナーリーダーを経て、渡米。Adler School of Professional Psychology のカウンセリング心理学修士課程修了。株式会社ピークパフォーマンス（※）代表取締役。コミュニケーション、コーチング、キャリアデザイン、ライフデザインなどのセミナーを一般公開。他に企業研修やトップアスリートおよび各界のリーダーのサポート、執筆活動などで活躍中。
2006年10月中旬まで　http://www.executivecoach.co.jp
以降　http://www.pk-p.com
（※）2006年10月、現在の㈲エグゼクティブコーチより社名変更

日経文庫1120
五感で磨くコミュニケーション
2006年9月15日　1版1刷
2006年10月16日　2刷

著　者　平本相武
発行者　小林俊太
発行所　日本経済新聞社
http://www.nikkei.co.jp/
東京都千代田区大手町1-9-5　郵便番号100-8066
電話（03）3270-0251　振替　00130-7-555

印刷　奥村印刷・製本　大進堂

ISBN 4-532-11120-X

読後のご感想をホームページにお寄せください。
http://www.nikkei-bookdirect.com/kansou.html